創意的兩岸關係

石之瑜 \ 著

序

　　十年來，兩岸關係急轉直下，很多人擔心遲早要傷筋動骨，衹剩台北決策當局與智囊擁蔓仍信心十足。作爲民間學者，歷史交付我們的任務原本只是本乎良知來批判，但礙於四週歌舞昇平的氣氛，與藏乎其下嚴峻的社會壓力，常常竟只能嘻笑怒罵，聊以自娛而已，一時也就擔當不起什麼傳道授業的大擔子。好在總有兩三好友相激勵，天眞無邪的學生成群爲伍，和那麼一、兩位天下己任的老師耳提面命，才鼓起勁來，等著有朝一日，能有助於善後與重建。聽起來淒涼，但卻又出奇平靜；說起來冷冰冰，但卻又熱血沸騰。刹那間，四方的謾罵與冷箭，雪片般的期許與美言，都變得如此地遙遠：

> 百家睜雙目，一筆戰千夫，
> 指胖志猶奮，墨枯血仍書，
> 俟其極澀苦，任他逞匹夫，
> 式微殺將古，才盡竟亦禿。

　　八十六年的中國陰曆好像特別濕冷，連到了清明都有涼意，但滿懷希望的人們依舊爲著生活的酸甜苦辣，付出自己，這才讓人驚覺到，兩岸關係裡最缺少的，就是芸芸衆生。沒有人氣，沒有人情，也沒有人性，就是兩岸關係僅存的聯想空間，所以我們都窒息，掙扎，最後放棄，剛好讓幾張猙獰的面孔，忍不住裂開了狂笑的血盆大口。現在，我送他們這書當禮物，希望澀嚼虎吞之後，能散發一點兒人味，則名之爲創意的兩岸關係，也就不算太囂張了。

故云：

> 中原淺灘薄情渡，善惡忠奸盡相逐，
> 三日京兆聲鼎沸，誰逃揚州一城孤。

目　　錄

第 1 章　兩岸關係的問號多多

◆兩岸關係中的普遍人性何在？

　　兩岸關係正在走進死胡同，因爲台北和北京的政策顯示，中國人快要失去人性。

　　什麼是人性？就是父母愛子女、子女愛父母的天性。兩岸關係裡卻沒有這種天性，只有本位主義。公共人物莫不假設，人都是（也都應該）站在本位主義的立場看問題。的確，只有絕對自私的人，才會對所有人不信任，動輒以爲別人有陰謀。

　　陰謀論普遍存在於兩岸政治人物的邏輯裡，所以中南海的策士一致相信，李登輝的統一口號，是在掩飾反華的台獨罪行；而台北的大陸政策官員以及邸派學者更覺得，自己身邊的民意代表、記者與商人，都是共產黨滲透的溫床。

　　本位主義的人有一個特色，就是不相信別人會愛他，所以行動上充滿了暴戾之氣。果然，熬到了九〇年代中期，大陸的「東海四號」與台灣的「漢光演習」終於卯上了。中共要對付的是帝國主義，台灣要對付的是中共。關懷變成病態，兇狠才正常！

　　只是，不知道是先有了帝國主義，所以才逼中共搞了核子試爆，還是總得不時搞個核子試爆，才能創造帝國主義無所不在的氣氛？同理，是不是要有人在台北不斷把中共當假想敵來進行演習，

才能維繫住兩岸間的敵對氣氛呢？

這裡看到本位主義的另一個特色，就是不能付出愛。得靠對抗，才能自私得理直氣壯，這說明了兩岸關係裡的殺伐氣氛愈來愈重的現象。人被自己對抗的需要所佔有，在追求絕對自我中心的過程裡，背叛了自己。

為了更誇張地感受對抗的氣氛，人們把自己想像成是正在對抗亢奮中的兩群人。北京說，這兩群人就是帝國主義與中華民族；台北說，他們是大陸專制政體與台灣生命共同體。

這樣一來，中國、美國、日本、台灣的人們在世代、宗教、階級、性別等方面的共通性與親密感沒有了，剩下的是抽象的民族英雄與主權鬥士，而台灣的老祖母和大陸的老祖母之間有了敵意！

有人說，可見對抗才是政治的天然本質，講愛心的人一邊站。如果你要關懷、貢獻、照應、鼓勵，那只是理想主義，尤其兩岸在亞運與聯合國的廝殺此起彼落之際，似乎太荒唐了。他們錯了。

父母與子女之間相互的愛難道不是天性嗎？這種天性為什麼被兩岸的領導人看成是不切實際的烏托邦呢？是誰，決定那荷槍實彈、相互嚇阻的兩岸中國人，才是符合天性的呢？

人們說，好嘛，就來講愛，可是總要有人先愛啊。台灣的人最喜歡說，兩岸大小不均等，當然是大的讓小的，只要你讓我進聯合國，那我就和你談統一，大陸的人就要問，萬一將來你賴皮怎麼辦？慈濟功德會恐怕也沒有答案。

其實，這豈是一個你與我對抗的問題？而是你的當中有好多人，和我的當中的好多人，有一樣的生活關切，他們很能彼此同情，卻是一心想要主導兩岸關係的人，必欲消弭這種同情心而已。

真正搞烏托邦與空想主義的，恰是那些以為只要泯滅人類愛的天性，就可以在兩岸關係裡鞏固自己的政客。

◆兩岸經貿要不要談民族主義？

一項「邁向廿一世紀的中國人」研討會上，請來許多大陸學者討論兩岸發展的問題，在關於經貿交流方面，大陸學者多是站在民族主義的高度來衡量，這其中的矛盾正反映了中共官方政策的一些盲點，值得吾人深思。

大陸學者都認識到，台灣的中華民族主義意識日漸模糊，因此擔心有外國的分離主義勢力會趁虛而入。他們覺得，台灣應該不要濫用政治力，而要迴避政治敏感問題，使兩岸經貿交流能好好發展，則有利於中華民族主義在世界上的整合與復興。

問題在於，如果正如大陸學者所說，台灣的民族主義的淡化，是台北之所以會用政治力反對經貿交流的深層因素，那麼他們建議要站在民族主義的立場看交流問題，等於是一種循環論證，錯把問題的本身當成了解決問題的答案。

而大陸學者又相信，經貿交流自然發展，會有利於中華民族的振興，把經貿交流當成民族主義的鞏固機制，又與他們自己所說經貿交流具有非政治的特質，並不符合。到底經貿交流本身是目的呢？還是它所帶來的振興民族的效果才是終極關切呢？

民族主義關懷的是長遠的認同問題，而經貿交流仰賴的是立即的物質誘因。是什麼理由，使大陸學者相信，短期的物質誘因與長期的認同關懷之間，不會發生衝突呢？不就是因為台灣人思考太短視，才導致大陸學者眼中的民族主義意識不彰的現象嗎？

民族主義與經貿利益兩者所提供的誘因與動機孰強孰弱？回答這個問題的人如果自己民族主義動機比較強，就會相信經貿交流可以振興民族；如果回答問題的人自己民族主義動機很弱，則會相信經貿交流可以淡化民族感情。在大陸的人與在台灣的人，顯然在此有迥異的答案。

其實，民族主義動機與經貿誘因都是正常的，人們也必然同時

受到這兩種力量所影響，不同的時空下他們互為主從，一定說哪一個是主導，或一定要為哪一種力量服務，都失之偏頗。

◆兩岸領導人有沒有心心相印？

　　大陸海協會負責人唐樹備到美國發表言論，抨擊中華民國在參與聯合國方面所作的努力，結果引起當時在大陸訪問的台灣媒體專業人員抗議，取消了剩下未完的行程。日前唐樹備為此提出解釋，希望台灣方面諒解他的海協會另負有政治任務，與台灣的海基會屬於民間社團的定位有所不同。不過，台北的大陸政策官仍然認為，唐樹備既然負責了兩岸民間的交流，實在不宜在政治問題方面有所行動。

　　恰巧在同一個時間裡，台灣的亞運代表，在行政院副院長徐立德的率領下抵達廣島，要為台灣爭取二〇〇二年的亞運主辦權，結果引起北京的嚴重抗議，從外交部長到大陸派出的亞運團團長，都同聲譴責台北企圖假藉爭取亞運主辦權之名，行中日官方接觸之實。雖然台北與東京方面均一再表示，徐立德並非以行政院副院長的身份赴廣島，可是北京顯然相信，只要他具有行政官員的職務，則就不宜再在擔任非政治活動的代表。

　　如果唐樹備是對的，那麼他在政治議題上的立場與他在兩岸交流上的任務，不必相互衝突。偏偏大陸方面卻覺得，徐立德的政治身份和他的亞運會代表身份彼此妨礙，那麼唐樹備就也犯了同樣的錯誤。中共外長錢其琛與亞奧委員魏紀中在指責徐立德之前，實在應該好好先與唐樹備溝通一下。事實上，徐立德那次赴日演變成像是台北與東京方面的官方接觸，多少是中共造成的，因為只有北京在凸顯他的行政官員身份。

　　如果台灣媒體負責人是對的，即搞民間交流的唐樹備不應該具

有政治立場，則他們大可不必根據自己的政治立場，而中斷自己本屬民間性質的訪談行程；如果台北要說，徐立德赴亞運會不必表示是中日官方在接觸，那又何必堅持唐樹備的政治任務，一定是他在執行海協會工作時的羈絆呢？台北的媒體負責人在作出高度政治化的抗議行動時，恐怕應該先和徐立德溝通一下，他們對於唐樹備的不滿，與台北官員對他們行動的支持，剛好表示台北也不認為政治與民間交流可以分開。

表面上，雙方都認為自己這邊的政治活動與民間活動可以分開處理；但骨子裡，卻又不承認對方的政治活動與民間活動可以分開。說穿了，大家若不是在用民間活動掩飾政治意圖，就是在用政治意圖主導民間活動，由於對自己的動機很清楚，當然很能將心比心，看出別人也有相同的動機。心虛之餘，只好對別人大聲批判，好像自己最純真。

最好的解決辦法，說不定就是讓唐樹備與徐立德在香港見個面，雙方先就一個中國為何的政治問題作個聲明，再談談雙方體育交流的事。哪一邊要是不能坦然面對政治與民間活動的不可切割性，就只好不出席。果真如此，則當前所謂兩岸民間交流，早就是一種政治接觸了，只是大家都假裝說不是罷了。

◆台北怎能迷失在千島湖案中？

民國八十三年的千島湖船難發生之後，各界曾對中共各級政府的處理方式頗為不滿，交相指責，有斥之不人道、不負責、無法制者；亦有趁機鼓吹切斷兩岸關係，遂行推動台灣獨立者；尚有針對兩岸互動機構束手無策現象，或要刪其預算、撤其組織，並譏為交流障礙者。三年之後回憶於此，平心觀之，這些批評過度政治化，已將船難當作政治籌碼，不仁不義莫有甚於此。

　　回顧兩岸在處理此次船難上的歧見，有四點值得討論。首先，中共的作風是否爲中共所獨有？其次，何以當時中共官員看來如此的閉關自守？再其次，海基會後來欲派員協助船難家屬善後，何以爲海協會所拒？最後，今後兩岸交流機構當如何自處？

　　首先，關於中共的人道心態問題。台北各界關心的事，似乎多是中共怎麼對待台灣家屬，能否滿足他們的要求，體恤他們的心情。這些固然重要，但卻不應該就此認定中共官員心中是否關切受難者家屬。如果台北只希望看到有個中共高官出來表達悲傷、道個歉、懲罰幾個地方官，那中共的確沒做到。而這也正是台灣人們心中不爽，感覺被忽視的重要因素。

　　其實，官員個人心中怎麼想並不最重要，天下沒有任何一個官僚機構心中存有人道。如果讀者諸君不健忘的話，七十年代連續發生三次煤礦坑變，死亡礦工逾百、台北高官赴現場表示悲慟，各界譏爲作秀。八十年代台灣各地發生火燒ＫＴＶ、三溫暖、保齡球館，冤魂無數，我們各級政府，又表現得多有人道呢？

　　民主體制下的政府學會戴上一個人道的面具，但若習於民主氣氛的人民，因爲大陸沒有民主外衣的矯飾就斥之爲落後，則未免自視太高了。原來，台北論者終極的關懷，不是如何體恤船難者家屬，而是證明自己是比較文明的人。果眞如此，無論中共如何處置，台北輿論界都不會放過它的。

　　其次，台北各界對中共官方一概拒絕媒體採訪，大感憤怒。所有的新聞均封鎖，不准家屬將遺體攜回，對於整個事件不肯說明，的確可議，致有人質疑，倘有外國人死於船難，中共豈敢依樣冷峻不通情？言下之意，大有對台灣人地位低下，自憐不已之情。

　　然而，中共是不是眞的會對外國人好一點呢？也許吧。碰到外國人，那種在台灣人面前看來霸氣十足的樣子，可能會變得民主一些、緩和一點，這個表面的歉意難道是台灣人所求的嗎？何不找個演員去當官就好了？事實上，即使有外國受難者，地方官那種大事

化小，小事化無的心情，其實不減反升，未必有助於揭露眞象。

大陸自從改革開放以來，社會混亂；官府束手無策，有時甚至也大撈機會財，人之劣根性表露無遺。在此狀況下，中共眞是不知道如何規範社會，遑論有效地處理危機事件了。每當危機事件發生，官員手足無措，只好關起門來，一副高深莫測的模樣。這就像中國外交史上有名的葉名琛，在碰到洋槍大炮時，不戰不和，不死不走。

有人以爲，要給中共壓力，他才會學乖。未必！海南省前此一家台商離奇死亡，台灣媒體報導不盡詳實，臆測甚多，其意乃在懲罰中共官員封鎖新聞的態度。中共官員學到的，卻是下次要更小心台灣記者，加強封鎖。換言之，中共的處理態度有其社會背景，不是針對台灣人的，也不是用來羞辱台灣人故意設計出的。

不過，大陸海協會不讓海基會派員赴大陸則顯然是故意的，台北官方因而大罵海協會阻礙兩岸關係。海協會這樣冷漠有近因，也有遠因。近因是海協會根本插不上手，它既非出事地點的上級行政機關，又不是什麼公安單位，本身在危機中的位置就尷尬，不受歡迎，它哪有能力硬將海基會代表塞給浙江省呢？

遠因有兩個。一個是海協會這種兩岸半官半民的組織方式，原是台北逼著大陸成立的，並不適合中共體制。它在這次船難中表現無能，恐怕台北當初強人所難搞這種半官半民遊戲的手法，難辭其咎。是海基會自己不要與大陸官方機構往來，怕被矮化，那它就只好以海協會作對手了。又要面子，又不切實際，全怪大陸無助於鑒往知來。

第二個遠因在辜汪會談。辜汪會談讓中共認清，原來台北只是想藉著民間的海基會來與大陸海協會的談判，騙取台北與北京的平等地位，暗示北京對台北政治實體身份的默認。所以那次以後，海基會信用全失，中共從此會以華而不實的態度對待海基會，只是台北官方卻不察，還想用海基會搞官方承認，大陸對此敏感萬分（就

像它不准香港問題上有香港代表一樣），只准「中國政府」代表中
國人（包括港澳台胞），而不准海基會派員前往。在這種前提之
下，一味指責彼岸於事無補。台北能做的，現在是趕快鼓勵眞正的
民間團體發揮彈性，主導兩岸關係。海基會的工作重點要換血。讓
海基會去促成台北各級政府，各公會，民間社團與大陸各種官民組
織建立特別管道。比如，加強縣、市級的名流，建立姐妹市，搞地
方層次的投資保障契約，打擊犯罪人員的聯誼、建築、旅遊等公會
與大陸各地方組織之間的默契與社團建立等工作。

危機處理不能循正常管道，要靠無孔不入的既有管道與非正式
關係雙管齊下，甚至聘請大陸律師訴訟，向人代會陳情，向政協反
映。而不是像今天陸委會硬將海基會納入全面管制，切斷它與民間
社團的聯繫，到頭來完全沒有危機處理的能力，是錯將海基會給海
協會化了。

千島湖船難發生，台北迷失在自己一貫的自大心態之中，稍不
滿意就昇高緊張，動員媒體，對於發現眞象沒有幫助。也許，台北
這種看中共出糗，窘態畢露，非對抗否定嘲弄而後已的心態，與大
陸地方官那種當代葉名琛的處事風格，一樣要爲這次船難善後處理
不當負責。

◆誰才眞正上了台北會談的當？

兩岸事務性協商首次在台北舉行時，海基會曾在各界的「賣
台」疑懼中，宣示台北維護司法管轄權的決心，不少人認爲台北會
談是走出陰影、建立自信的關鍵一步，證明台北可以在談判中堅持
國家立場，而我們的疑問是：爲什麼台北的主權地位，要靠對岸
「民間」團體海協會的尊重才算完整？如果台北必須從對岸「民
間」團體的言行中來找尋自己的國家立場，豈不反而顯示台北缺乏

自信，連民間團體的言行，都拿來當成主權的證據？自信面貌之後，似乎懷著驚弓之鳥的心情。

當北京看到台北會談背後的動機，竟是要彰顯主權的時候，一定會恍然大悟：原來事前台北所以大談擱置主權，是想讓北京放鬆警戒，否則北京一旦識破台北會談的真正目的，必然不會來台談判，可是，如果台北如此精心的設計，只是想獲得對岸民間團體對自己主權地位的間接承認，事後以此證明主權已獲彰顯，人們會認為上當的是北京呢？還是我們自己呢？

喜好想像的台北人似乎忽略了，今天兩岸關係的進展，主要是在主權名義以外發生的。台北會談落幕的掌聲中所設想且業已展示的那個國家主權，會不會只是一件國王的新衣呢？它給台北帶來了什麼實質的益處呢？如果台北會談只是展示這件國王的新衣，那麼台北會談未免與人民的生活距離遠了些，不論是政府疏離了人民，還是人民疏離了政府，都不是人們的願望。

海基會下次會談時，不妨說到做到，放下主權身段，看看如果台北在協議書上不堅持寫「己方人民」，而同意海協會的建議寫「居住一方」時，是不是北京就可以介入此間的捷運工程案、軍品採購案、高爾夫球場違法營業案、雛妓橫流等等這些原屬台北主權範圍之內的問題？也看看國際上是不是會將這個協議當成台北接受「一國兩制」的法律證據？

如果台北會談的目的是要證明台北是個分裂的主權體，其結果只怕剛好相反，它反而顯示著台北要靠北京才能自視為一個主權體。這種心理缺憾，準確地說明了北京如何正在以一個壓迫者的姿態，協助台北重建自己的國家認同。一個矛盾的景象則是，人們依附在自己心中塑造的壓迫者的印象上，賴以生存。似乎一定要有壓迫者，才可以起而抗拒；一定要抗拒，才感覺得到自己。

陸委會在讚揚海基會之餘，下次會談時不妨讓海基會放手去做，看看海基會能把國家出賣到什麼程度？其實陸委會除了監視海

基會之外，還有許多要事待辦。反過來想，陸委會設的一些基金，有沒有因為台北會談的結果而變得更活躍或更消極？如果沒有，那麼主權的彰顯與否，對兩岸關係的實質推展或是陸委會的其它主要業務，又發生了什麼驚天動地的鼓舞或打擊？

「務實」不是用來博取主權的有效口號，而該是讓我們突破主權迷思的一項提醒，歷史的教訓是，主權一向是強者的武器、大國的工具、軍火商的標記、統治者的藉口，把主權當成一個價值來追求，到底幫助了誰？

海峽的冬寒隨時可至，國王的新衣對於驅逐嚴寒恐怕起不了太多的作用。

◆主權以外的兩岸關係在哪裡？

台北會談之前，人們曾經擔心，如果真的照陸委會所設計的，在會談之中要迴避主權問題，則台北豈不是自毀立場嗎？

其實人們過慮了。因為陸委員與海基會雖然異口同聲說不談主權，他們心中所想的完全只有主權。他們之所以口中說不談主權，是怕說清楚了，海協會就不來了，海協會如果不來的話，台北就沒辦法告訴自己，說海協會已經默認了台北的主權。

如果當年在設計陸委會與海基會的組織架構時，就有論者指為可議，其理甚為簡單。台北心中既然只想要對岸承認自己的主權，何必要用民間的海基會出面處理兩岸交流呢？既要用民間的名義，又希望藉著彼岸與海基會的對等關係，被解釋成彼岸對我官方的地位認可，何其矛盾？結果陸委會不允許海基會有任何自主運作的空間，使海基會三易秘書長，才找到一位願意來和陸委會和聲共鳴「主權之外沒有兩岸關係」的調子。（奇怪，海基會不是民間團體嗎？）現在回想起來，海基會半強迫地讓彼岸搞了個掛著民間招牌

的海協會，原來是因為中共官方拒絕與台北對等，才想出這招民間牌，透過民間的對等來揭穿台北追求官方對等的需要。這樣一來，台北只好在每次雙方接觸之前，大聲說是民間談判，每次接觸之後欲又沾沾自喜，謂對方已在事實上承認了自己。台北會談只不過是又一次重蹈此一覆轍。唯一不同的，是台北可以宣稱海基會既然踏上台北的領土，這下可真是非承認台北的政治實體地位了吧！（奇怪，民間團體海協會的承認有那麼重要嗎？）

相較之下，台北每次口中最重要、最務實的事像台商投資保障、劫機犯遣返等問題都被犧牲了。易言之，台北為了這個主權，讓兩岸關係，變成了一個客體、一個工具、一個可棄的代價，在陸委會與當前民間名義的海基會眼中，主權之外不存在有兩岸關係。

偏偏在真正的民間團體眼中，兩岸關係是個跨主權的現象，用主權切割之後的兩岸關係，與名符其實的那些民間團體毫不相干。用主權來切割原本聯繫的兩岸關係是無法產生規範效果的，這說明了何以一旦海基會完全成為陸委會的手指（手套）時，陸委會反而喪失唯一可與兩岸關係接觸的機會。

◆兩岸間會談破裂責任要誰屬？

好不容易在第一次焦唐會談時，兩岸能得出一些口頭共識，是因為在中共國台辦首腦王兆國的「讓他一尺又何妨」聲中，雙方有所妥協的結果，但是陸委會卻表示不滿，要求海基會秘書長，不得將口頭承諾放進焦唐共同聲明中，其中最重要的，就是關乎台北主權象徵的兩點，一是劫機犯己方人民不遣返的文字表述問題，二是公務船是否納入協議的問題；大陸原認「己方人民」與「公務船」涉及政治問題，不宜放入協議，並獲口頭共識。

結果，兩岸在北京召開第四次會議時發生爭議。台北代表仍要談公務船的問題，大陸則指這種作法違反焦唐共識。雙方瀕臨破裂

之際，海基會秘書長出面指責大陸扭曲共識原意，澄清原本所謂不談公務船之說有其條件，即必須在漁事糾紛處理上能先達成協議，才可不談公務船問題。焦氏對海協會的指責，一來滿足了陸委會仍想談公務船問題以凸顯兩岸分治，另一方面阻止海協會再在口頭共識上作文章。

不料，海協會抓住此項的澄清，表示可以將漁事糾紛的其它方面先談攏，如此一來等於是擱置或推遲了公務船問題。台北方辭窮，只好回到談判桌先不談公務船問題。好在會談預定期限已到，海基會拒絕延長會期而返台。

陸委會原本是抱著要翻案的心態，去面對兩會第四次會談，在最後關頭差點陰溝裡翻船，讓大陸方面逮到暫時不談關乎主權的議題。但既然兩會的人吵了架，故仍成功地向國人證明兩岸之間並無共識，勉強算是扳回一城。不過，大陸方面雖然好像在「理」字上比較站得住腳，但是刻意凸顯台北的失態，則顯得逼人太甚。

由於兩岸會談時，逢政協與人大在北京開會。恰在兩會期間，中共表示台北花樣不論如何翻新，它均不會容忍分裂祖國的行徑。台北輿論界認為這次的措詞，較諸一年之前反台獨的嚴厲口氣溫和許多。錯了！這次「反花樣」而不「反台獨」是迂迴地警告台北，中共認為台北搞的渡假外交，在大陸內部已被視為是搞台獨，只是不便把話說明白，而弄擰了兩岸關係。

可見，海協會副座唐樹備要求海基會不要老想用公務船、劫機、擴大遣返範圍等議題來反證台北是個主權體，這是其來有自的警告。所以，如果台北要為第四次會談氣氛凝重負責，不該出爾反爾的話，中共方面對於兩岸全面的政治敵意形成，以及歷史上不信任感的揮之不去，恐也難辭其咎。

◆兩會商談文字政治重不重要？

海基會與海協會的兩岸第六次事務性商談，於兩岸高層仍然在外交上不斷較勁的背景下進行，不免會造成外界一些相互矛盾的心情；一方面是認為這次會談受到低迷的政治氣氛所影響，自難有所突破；另一方面是寄望事務性的合作，仍能孕育相互尊重的兩岸關係，在高層政治角力之外舖陳自主運作的邏輯。

表面上看起來，第六次商談的重點，只是在完成文字工作，將前此似乎已經獲得口頭共識的若干議題，予以具體表述。這其中所涉及的，主要有三項，即偷渡客的遣返，劫機犯的遣返，與漁事糾紛的處理。所以，照道理應該不致於橫生枝節，除非某一方面故意要將已然獲致的共識，重新詮釋。這種樂觀的想法，恐怕未必符合全部事實。

我們相信，海協會這次積極回應海基會所提第六次會談的建議，是抱著某種目的的。簡言之，中共當局有意藉由這次會談，來進一步探測台北決策者的意圖。蓋自九四年五月以來，大陸上的台灣研究機構之間原本爭論不休的一項問題，突然急轉直下。早先的辯論，圍繞在國民黨是否有誠心於中國的統一事業；到了暑假之後，彼岸的學者所關切者，近乎一致地集中在國民黨如何推動台灣的獨立，不再相信台北想統一。

然而，台北的決策者或直接，或間接地在爾後兩個月，發出了一連串反台獨的訊息。中共方面即使滿腹狐疑，不擬採信，也不能毫無證據地逕指台北又在「哄哄騙騙」。基於對台北的這種不信任，海協會想必負有某種蒐集情報的責任，所以才會同意海基會要求迴避北京，而選擇南京為開會地點。這個妥協，還表示了海協會也樂於開會的心態。

海協會所要觀察的，就是海基會對於用文字表述上次會談共識抱著什麼態度。前兩次焦唐會談時，海協會秘書長唐樹備透過各種

管道，表達了大陸上對文字表述的看法，即大陸不贊成任何用文字將兩岸現狀固定下來的作法。對大陸而言，唐樹備的談話代表了一項讓步，即在口頭上默認了兩岸確實處於分裂的狀態。不過，唐樹備無疑也在試探台北方面，是否有意要將這種分裂狀態藉由文字固定下來，如果是的話，則兩會會談與協議，便不是往「有利於統一」的方向發展。

所以，唐樹備上次曾提醒海基會秘書長焦仁和，在將共識落實成文字協議時，勿將己意強加於對方，甚至明言，兩會的協議裡不存在大陸是否承認台北主權事實的問題。唐樹備以為這項澄清可以使台北滿意，因為海協會不以否定台北主權為目的。但是，對台北而言，倘若海協會迴避在文字上承認台北有自己的管轄範圍，只能被解讀成是在否定台北的主權。

這次海協會接受海基會的開會地點建議，則是要想即早探詢，是否海基會仍要將隱涉主權或管轄權的「己方人民」、「公務船」等類似字眼寫進協議文本。為了證明海協會自己誠心推動兩岸交流，海協會特別同意海基會所提要增辦兩岸快捷郵件業務的建議，恐怕也是設想到萬一第六次會談沒有結果，台北方面不能指海協會故意阻撓兩岸交流。

其實焦唐會談所取得的共識並不完整，主要就在於兩岸對於文字表述的立場南轅北轍，此所以海協會方面刻意強調已獲共識，而陸委會則淡化此一所謂的共識的原因。由於中共方面認為自己已經一再作出讓步，尤其對於劫機問題上「一事不再理」的實質認可，應該是默認台北管轄權的一種善意表態，所以海協會所要觀察者，是這次海基會能否適可而止，還是會得寸進尺，從而可以推動台北是否執意搞獨立。

雖然，中共方面這些心態與考量，並非全然無理，但用它自己的話說，倘若要寫好兩岸關係這篇大文章，就不能不先寫完兩會商談這篇小文章。唐樹備應該反省，兩岸分裂的現狀是否真的能透過

文字就固定下來？正是中共當局用最政治的眼光看待兩會協商的文字，才使得這些文字表述的小事情，變成兩岸分裂或統一的一個標竿。

台北方面也應該檢討，自己習慣性地否定兩岸每次會談所獲致之共識，是否有利於兩岸交流？對於彼岸懷疑台北要以文字將分裂現狀固定下來的看法，陸委會迄今未提出答覆，不知是默認還是不重視？如果台北有心重開事務性商談，這個問題不能不回答；如果想讓兩岸高層政治對抗和緩，更不能正視這個問題的答案對於台海兩岸人民的意義。

◆砲彈若無敵意精液豈有愛情？

金門的砲彈掉到廈門，傷了四個農民，照金防部的說法，這是沒有敵意的誤擊。意思大概是說，我沒有故意要打你，只是不小心的，所以罪過不大，讓我在物質上賠你就好了。

男人的精液進入情婦的子宮，使她懷了孕，照男人的想法，這是無心的播種。換句話說，男人沒有打算在一夜風流的時候傳宗接代，只是不小心的，不能全怪男人，給個遮羞費算了。

砲彈是準備用來殺人的武器，怎麼可能沒有敵意的時候會打砲，如果真的沒有敵意，金防部何必要設大砲。可見，金防部真正的意思是說，我的砲彈是要來打你的，可是沒打準，在不想打你的時候打到了你，對不起，下次會練準一點，在想打你的時候才會打到你。

精液是用來生孩子的東西，怎麼會在不生孩子的情婦子宮裡著床，如果真的不想傳宗接代，幹嘛要精液。可見，男人的意思是，我的精液是要傳宗接代的，可是沒算好，在不想著床的那個子宮裡著了床，對不起，下次會更小心，在想生孩子的時候才著床。

明明是殺人的砲彈，在殺了人以後還說砲彈沒有敵意；明明是會生孩子的精子，在人家懷孕以後還說這批精子沒有要找卵子。開砲的人在打仗時殺得理所當然，平時殺得沒有敵意，道德上都沒錯！

難怪射精的人，在家計劃生育，在外意外播種時，也可以顯得無辜了。建議小金門由女兵駐守，一定不會再誤擊。

◆要有至高主權先得全盤西化？

李總統有次在競選政見上，提出了以人權爲基礎的新主權觀；並主張在維護國際政治、經濟秩序的需要下，各國可以介入原屬異國之內的事物，此之謂務實的主權觀。嚴格說，李總統提倡的主權概念，對熟悉西方文明的人絕不陌生，故其之所以新，乃在於這是在台灣提出的新想法，因而也表示他想替台灣的人，選擇個新的文明位置。

從歷史發展來看，主權的發生是用來對抗教會的。時人要反抗教會，各國君主也要反抗教會，其結果竟使得人們臣屬於主權之下，他們雖然從教會所把持的黑暗時代解放出來，卻又被政治巨靈所管轄。後世思想家於是發展了主權在民的理論，設計制衡與民主的制度，要讓人從巨靈手中，奪取自己當主人的權力，起碼享有主人的感覺。

但主權與人權的進程卻不是相牴觸的！主權國家的振興，首先是要對地理空間的客觀掌控，蓋疆域的具體性賦予主權一種科學的味道。更重要的，是科學技術協助殖民主義擴張自己的客觀疆域，讓西方人去征服在宗教上仍然處於黑暗時代的亞、非、拉人民，感受先進。

對像中國這種文化地區來說，從過去的天下觀，到今天的主權

觀，好像是一種進步。問題在於，中國人畢竟不是西方人，所以其人權觀永遠滿足不了西方觀察家。故中國的人權，就注定是西方科學家分析的對象；西方政客恐懼的對手；與西方哲學家睥睨的對方。事實上，雖然主權應該是至高無上的，西方強國一向以人權的理由，否定非西方國家的主權資格，而非西方國家也只能感到自卑，不能再以人權與科學為大鐸的主權秩序裡，主張自己。

主權到底是什麼就變得混淆了。事實上，主權不能被定義，只能被實踐，故美國的行為就成了主權何在的標竿；他可以去打越戰，顛覆尼加拉瓜，入侵格瑞那達，轟炸利比亞，逮捕巴拿馬元首。他每次都是以人權相關的理由，在詮釋為什麼第三世界國的主權，不能是最高的。然後，在伊拉克以阿拉之名併吞科威特時美國竟又能以保護主權之名，嚴懲了阿拉。可見，主權自始就是務實的。

以人權為內涵的主權觀，自殖民時代起就被奉行，只不過當時披的外衣不叫人權，而叫福音。台北最務實的主權觀，就是要幫助美國來推動他的歷史進程，即把西方文明憂慮的潛在對象，當成自己的敵人，則自己就永遠不會成為帝國主義的對象了。這種工夫需要精彩的裝飾，故西方文明熟悉的個人主義政經制度，就必須做得惟妙惟肖；也需要歷史機運，故西方的對象也剛好得是自己的敵人，藉以取得歷史先鋒的位置。在找敵人與制度語言方面，台北的確已經讓華盛頓頗為放心。

一言以蔽之，主權的主體，必須是由宗教革命解放出來，已經做了歷史主人的西方國家公民。非西方世界倘若不把自己的傳統，看成民主與科學要革除的黑暗時代，就無法真正享受排他的至高主權。過去五四運動時中國人做過這個嘗試，但沒有成功。現在李總統鼓起勇氣，重新來過，不知是否能完成五四先驅全盤西化的信仰。

◆台北當局會不會走台獨路線？

　　海峽兩岸早就有人懷疑李總統是個打著中華民國旗號的台獨，媒體又接連發表了一些關於李總統的談話，似乎又加深了上面說到的印象。不論是擔憂、憤怒或傷心，其實都是有些偏差。基本上，人們心中那個攘台獨的李總統，只是對李先生的片面觀察而已，其中透露出的，最多只是批評李先生的人自己堅決反台獨的立場，完全不表示李先生是個不折不扣的台獨。

　　惹禍的報導有兩個，一個是李總統與司馬遼太郎的對話，李先生指國民黨是外來政權，他則要引領悲哀的台灣人開創歷史。另一個報導，是談到李總統的理想，說要成為中華民國第一個在生前和平轉移政權的人，在一些人的眼光中，李先生已經堅決地表達了脫離中國的願望。偏偏官場與學界同情台獨的人也藉機大談「殘忍的中國人」或在媒體上公開承認「中華人民共和國」以總統代言人自居。

　　歷來人們愛用史上或當代的風騷人物來隱涉他人，或象徵自己，環繞在李總統身上的人物形象也很多，卻也全都令人聯想到台獨。在他和司馬遼太郎談「出埃及記」時，台北有個教授讀出了摩西的影子，好像又是一個帶領子民開開紅海的先知，面向海洋，殺出國境？這不是台獨的想法嗎？

　　關於他要和平轉移政權的說法，竟叫一位律師看出了華盛頓的肖像，的確，寫下新憲法，建立中華民國第二共和以後，李先生確實可以用開國元勳自許，這想必是他一再宣揚「歷史的開端」的理由吧！如果在第二共和開始以後，他率先引退，樹立範例，那真是台灣的華盛頓，當之無愧，但是開國之喻，勢必也要讓台獨之慮，不脛而走。

　　上次戈巴契夫來台灣時，有個新聞評論人在李先生過去五年的改革裡，見到一個台灣的戈巴契夫，勇往直前，雖千萬人吾往矣，

果然能推翻舊制，讓百年老店翻新，戈巴契夫的新思維與開放政策到了台灣就是要「走出去」、「出發了」、「主權在民」、「新時代」、「世代交替」。不過，拋棄歷史包袱的氣氛，絕對逃不掉反台獨者驚惶的嗅覺。

更早的時候，李總統接見了沙達特夫人。西方一位駐台的記者堅信，李先生把沙達特當作偶像，沙達特努力走出了奈塞的大非洲主義，致力與宿敵以色列謀求和平，這對於戮力跨出蔣氏大中國主義，降低與中共爭奪正統壓力的李總統而言，充滿了啓示。這次晤面，可能是反台獨者懷疑李先生意圖何在的一個肇端。

摩西、華盛頓、戈巴契夫與沙達特所處歷史背景迥異，關懷不同，但對於李總統，都算正面積極的形象，此所以罵他的人，很難用這四個比方揭露他們眼中李先生暗藏的台獨意圖。這其中有個例外，就是戈巴契夫。在大陸上研究台灣問題的學者當中有一個說法，認爲李總統正是台灣的戈巴契夫，因爲他會像戈巴契夫一樣，把國家搞垮，使國內族群關係搞壞。

其他批評李總統的人，指他流著的是日本人的血，卻又想像封建帝王一樣獨治天下。大陸上有人說他是齊天大聖，桀驁難馴，花招百出，但終究跳不脫如來佛的手掌心。一位台辦官員覺得他像鄭芝龍，有點兒草根性，但又不太正派，屬於歷史的支流。

如果你說李總統是台獨，對你而言，他就是非是台獨不可。有的人希望他是台獨！就像大陸上的解放軍，這樣他們師出有名，趕快把他解決掉。其它的人希望他是台獨，是要完成自己台灣人出頭天的願望。這兩種人對李先生的希望相同，但各自的目的卻牴觸。

如果你怕李總統是台獨，對你而言，他總還會有些言行看來不像台獨，大陸的改革家就最擔心，因爲他們實在不想在這個節骨眼上在台海平添波濤，所以時時刻刻給他留顏面。對他的話總要貶中帶褒，以維大局；褒中帶貶，以示警告。台灣人中也有對他抱著信心的，他們不能相信自己有個台獨總統，否則一輩子的中國認同要

到哪裡找寄託。這麼多人怕他是台獨;可是他們背後動機有天淵之別。

李總統和所有其它的總統、國王、女王、總理、首相一樣,都是凡人,都有七情六慾,身上扛著多重的角色,層層的包袱,他們有的藏情人,有的靠黑道、有的拿槍桿、有的通財團,但是沒有任何一個角色是他的全部,如果你心裡只有勞動階級,你一定只關心他做了那些利益輸送勾當;如果你心裡是正義秩序,你一定對他結交黑道大哥頓足捶胸。

意思是,李總統是不是台獨,不是李總統的言行可以決定的,而是我們自己心中那個終極關懷所決定的,我要是個絕對的中華民族主義者,李先生怎能不是台獨?我若是個極端的台灣民族主義者,只好恨李先生為德不卒,欠那臨門一腳,假如民族主義從來激不起我這個拜金主義者的情緒,我看李總統的時候,心中一定不會用上統獨那把量尺。

無庸置疑,李總統有一根台獨的神經,但也有一組中國的細胞,在不同的場合裡,不同的認同浮現出來。但他絕不只有一根神經,或一組細胞。如果有外省人罵他,或有獨派友人激將他,台獨的血液會澎湃;如果台灣經驗成為神州發展的範例,中原的意識會亢奮;和子孫玩耍的時候,兩種情緒都趨平淡。

是誰在把他的台獨談話當作全部的他來批判呢?是我們自己吧!是我們自己心中的那個終極關懷阻撓我們看到李先生的全部。不管你主張台獨,或反對台獨,你都是可以繼續相信李總統。誰先開始懷疑他,誰就是在引領他離開自己。

◆新大陸政策鼓吹新華僑主義?

過去有人說,台北的大陸政策反應了「新台灣人主義」,即凡事台灣優先,建立台灣主體性,並在文化上與大陸區隔,讓住在台

灣的人不分族群地認同台灣。但從最近高層各種宣示，可看出所謂新台灣人主義流於片面，更準確的定位，應該稱爲「華僑主義」。

華僑有幾點特色，首先，他們常掙扎於中國文化與當地文化之間，尋求協調；而日來台北文化界絞盡腦汁，一心要向世界說明者，恰是台灣已不屬大中華，而是世界文化的匯流地。

其次，凡華僑必住在中國主權外；台北則多次宣示，中華民國是主權國家，不屬中華人民共和國爲內涵的中國。

再其次，華僑多仍對中國抱著民族文化認同；李總統亦強調他的民族文化認同不容置疑。

復次，華僑多數希望回饋中國社會；台北確實也一再重申中國人幫中國人的願望。

不過，有時華僑的心情很矛盾，既覺得自己打入世界主流已有所成，瞧不起中國人；比如李總統就覺得大陸封建、專制、貧窮、落後，而台灣是舉世豔羨的先進國，已可傲視彼岸；但又深知中國人被人歧視，故得要表現成能拉中國一把，自己才眞算與世界主流平起平坐；像李總統便希望做亞太的和平使者，讓專制黷武的中共能被美、日主流接受。

無論如何，華僑不可能也不必在目前所住的國家，向中國要求獨立；故台北亦表明不可能也不必推動台灣獨立運動，而把金、馬排出中華民國。

最後，華僑中也有人倦鳥知返，希望終能落葉歸根；這就像前所宣告，二十一世紀某一天，二一三〇萬華僑一定會回歸中國。

北京對於華僑主義必會不高興，蓋其中隱含了長期的階段性兩個中國政策。北京可能欣慰的則是，過去認定台灣仍由一個日本人在統治，現經總統再三表明是中國人，這種從做日本人到作華僑的心跡表白，不能不說仍是照顧中華民族主義一大情感飛躍。

華僑主義的功能，是讓北京在民族主義上，找不到口實；在台獨問題上，找不到證據；然後還要讓美國相信，政治上台北愛好和

平，文化上屬於西方世界。華僑主義等於宣告兩岸沒有統一談判的可能，故原本號稱替統一談判鋪路的務實外交，就不可能有利於統一，這必會對鬱卒的中華民族主義落井下石。

北京的對策有兩種，一是繼續僵持，熬到九七後再做打算，其間則蒐集此岸統獨立場的資料，並引蛇出洞，以為最後攤牌時累積證據，劃分戰犯之用。二是將計就計，不管李總統出於什麼動機，先配合之讓他上談判桌，如能有助統一，則得魚忘荃，甚至奉為民族英雄亦無不可；反之，若談判破裂，則可出口動手，以免曠日持久，夜長夢多。

僵持派合乎大陸立即的情緒反應，但冷靜之後，忘荃派未嘗不會再冒出頭。反正後者如果成功也不錯，若不成功，僵持派既可取得強硬的口實，又可趁機取代忘荃派而入主中南海。

華僑主義與中華民族主義對抗的大格局已形成，在西方「圍堵中國」論與「文明衝突」說甚囂塵上之際，華僑是最沒有主體性的。台北大陸政策中的華僑主義，算是對新台灣人主義要建立主體的期望，最嚴厲的一次駁斥。

◆總統大選後中共願意忍多久？

台灣的總統大選結束後，各方殷切期盼兩岸關係方面，會有緩和的發展。依照台北的願望，大選既然已經完成，中共實在沒有必要繼續進行軍事演習，所以只要雙方都冷靜下來，然後重開海基會與海協會的對談，台北願意就政治議題進行協商，如此豈不皆大歡喜。

類似的設想，曾經在民國八十四年七月也提出過。當時中共抗議李總統訪美的事，所以接連取消了辜汪會談與焦唐會談。台北於

是提出了「靜觀其變」的政策，認為只要北京氣消了，便可以重開辜汪會談，討論政治議題。不過，中共那一次的反應出乎意料的強烈，不僅發動文宣批判台北領導當局，且軍事演習接二連三。是否這一次，中共的反應會有所不同呢？

從北京的角度來理解，這次選前的軍事演習，目的是壓迫李總統連任後，能展開高層政治對話，讓台灣在行動上回到「一個中國，各自表述」的立場。台北則將北京的動機，解釋成是要終止大選。這點北京其實可以忍耐，因為他也能體會競選的需要。他在選後的軍事演習進入內陸，已無向國際告知的義務，但台北則將之解釋為中共的退卻。這點北京一樣能容忍，畢竟他體會得到台北安定民心的意圖。

北京不能容忍的，乃是台北大陸政策執行機構在選後宣稱，只要中共今後停止演習，重開兩會談判，就能維持兩岸和平。但是北京必然知道，由大陸事務委員會提出的東西，很可能不代表李總統的意思。所以即使聽了陸委會的話，心裡感到不爽快，還不至於大發雷霆，將演習現場搬回台灣海峽，北京之所以不能容忍陸委會的談話，是因為那等於把過去九個月的帳，一筆勾銷，當成沒有發生過，如此中共豈不成了白癡？

陸委會講出這麼沒人情的話，並非沒有道理。他等於是告訴北京，如果你的目的是反台獨。則陸委會若無其事的樣子，乃是在安慰北京，我不是你所反的對象，所以才能鎮定異常。同時，如果陸委會先表現的蠻不在乎，再由更高層做出積極的宣示，不就在視覺上給人一種善意的印象嗎？陸委會的麻木不仁，其實用心良苦。

那麼，中共到底可以等到什麼時候呢？這個答案如同台北所說，不是單方面的問題。但也不是台北想的那麼單純，因為除了兩岸之外，還涉及國內外情勢。首先，美國方面顯然希望兩岸早日接觸，華盛頓的想法是，只有談才能化解危機；反正美國堅定支持著台灣，故中共也拿不到什麼實質的承諾。美國不解的是，台北當局

如此信任美國，為何選後沒有依計行事？

台北則還要顧及國內生態，他需要某種形態的國家發展會議，營建一定程度的朝野聯合政府，才能避免上談判桌之前，後方先起鬨。另外，台北也要等待中共停止軍事演習，起碼不要張聲，以免除後世史家「城下之盟」的譏諷。這些心裡上的需要，就不是華盛頓所能領略的了。事實上，同一種心裡需要，恐怕中共領導當局也無心琢磨。

下一階段的危機，恰在於台北所需的心理建設時間，比之中共所能容忍的等待期限，要長的多。維繫兩岸長期和解的當前工作，是延長中共容忍的期限，加快台北心理建設的速度。這除了一直靠總統遣人間接向對岸傳話之外，台北應該在政策上做一些調整，單方面地先照顧北京領導人的焦慮。比如，在兩岸正式和談之前，先提出暫時性的外交休兵，作為相互尊重的禮物，或實施海上定點通商，以為商業和平區。

中共能繼續等待多久，也受到其領導人心情的影響，這種心情隨著美國或明或暗介入的程度、手段、動機而起伏，隨著對陸委會黑臉立場解讀之方向而改變，更隨著對李總統意圖體會之不同而震盪。同樣重要的是，萬一中共中央已經想在重大原則上讓步，以能網住台北，則會因為得不到表現寬大的適合場合，而出現急躁的反應，甚至生起悶氣，以為台北不領情。

由於中共選前的軍事演習已達高峰，選後只有和戰兩途。要是他等不及了，一定會故意示弱，誘台北走出他能容忍的範圍。既然我們知道北京忍耐已近極限，也許應該注意的，是他什麼時候竟突然變得沈默而大方。

◆國民黨還能幫王希哲什麼忙？

大陸著名異議人士王希哲有興趣加入國民黨，以取得與中國共

產黨對等談判的機會。可能在他想來，國、共兩黨遲早要談判，而國民黨最大的本錢，既然人云亦云是它比共產黨民主，想必會願意借重他的鬥爭經驗。王希哲錯了！

王希哲相信，他與共產黨的鬥爭，其實是人民與專政的鬥爭，故標榜民主的國民黨，豈有不支持他的理由？但是，今天兩岸之間的鬥爭，是主權之爭，焦點在於台灣是不是獨立於中國之外的獨立主權。北京說不是，台北說是。假如台北介入王希哲與中共之間的恩怨，那台北就又有可能回到中國主權範圍中，則過去十年的努力就白費了。

大陸的異議人士對國民黨的確仍有價值。過去為逃避六四之後的政治危難，而選擇逃離大陸的異議人士，相當多數向靠著台北的接濟維生。幾年下來，這些原本是民主運動英雄的菁英，慢慢轉型成為中國問題的專家；後又由於離開大陸日久，不再享有第一手資料的優勢，在生活壓力之下，有的成功轉業，也有的不幸淪為「中華民國萬歲」派，定期來台歌功頌德，協助台北證明，台灣已是與大陸截然不同的政治主權體。

應該說，在兩岸三地的中國文化圈中，存有兩種鬥爭；第一種是以鞏固政權為核心的勢力壓迫著真正關懷人民生活與文化品質的人，也就是所謂「政統」對「道統」的殘害；第二種是在北京與台北之間，統獨兩條路線的抗衡，亦乃「大政統」與「小政統」的對立。王希哲是以第一種鬥爭的角度，在理解國民黨，並認為自己與國民黨，都是站在道統位置的。

國民黨今天最關切的，不是中國人的文化與生活品質，而是維持台灣外於大陸的主權地位。因此對於人民關心的通商、通航、通郵、通婚、通學、通資、通勞、通遊、通水等事宜，深痛惡絕，全力反對，蓋用以凸顯台灣主權之至高價值。共產黨在這一方面倒是鼎力配合，故一再強調，台灣只能作為中國主權的一部份，凡是有利於證明這一點的交流，一律都鼓勵，反之就反對。在大政統與小

政統的鬥爭之中，提昇中國人文化與生活品質之交流，只能作爲主權的祭品或統一的工具。

較王希哲更早出來的異議人士，也曾有過像他一樣的理想，不過現在他們紛紛加入了大政統與小政統的鬥爭，對一度關心的中國人政治生活品質之提昇，要不是已放棄，就是暫時推遲。可見，大政統與小政統之間的主權爭議，在現實裡居於主導；道統對政統的監督與批判，退居末流，且迅速被吸走。

更要緊的，這不是只有政治領導人才這麼想，北京與台北都已經有效動員人民，讓他們以主權作爲所有兩岸問題思考的起點。台北著重於宣傳兩岸交流對台灣經濟、安全、尊嚴各方面的害處；北京則就只教老百姓反台獨一件事。老百姓若有不從，在大陸就叫反華，在台灣即爲台奸。其結果，鮮有人認識到，兩岸政府對人民的關懷，在以政統爲主的思路之下，已經蕩然無存。只要兩岸人民不會攜手，大政統與小政統都可以躲在兩岸主權爭議之後，繼續統治。

王希哲有何德何能？他喚不起大陸人民對他理想的前仆後繼，難道妄想叫醒台灣人民，去逼他們的政府關心中國的政治文化？恐怕對王希哲的不聞不問，更能幫助國民黨證明自己外於大陸。除非，王希哲也學習前人，勇於證明台灣的政治文化遠較大陸先進，並致力協助小政統對大政統的抵制，或許仍可成爲國民黨吹捧的英雄，但那時的王希哲，就不再是什麼不絕如縷的載道者了。

第 2 章　走不出去的務實外交

◆關於對台北外交活動的誤會

　　過去若干年來，台灣海峽兩岸政治關係的起伏，主要圍繞在台北方面拓展外交的各項努力上。依照台北的想法，中國要統一必須經過談判，故倘若台北不能成為對等談判的一方，則任何兩岸間的政治接觸，均將一面倒地有利於北京，故外交空間之擴大，是台北邁向統一的基礎。不過，從北京的角度來觀察，台北先往國際上尋求外交認可的做法，只能將兩岸目前的現狀固定下來，故是在向中國統一相悖離的方向發展，對於統一大業不但沒有幫助，反而因為與台獨主張者的現階段目標相契合，很難取信於以統一為職志的北京領導階層。

　　眾所周知，台北方面推動外交突破的高峰，是一九九五年的元首出訪活動，但在李登輝總統自美歸來之後，兩岸關係急轉直下，甚至雙方兵戎相見之說，亦甚囂塵上。這一次在台北內部來說的重大外交突破，卻成為北京評估裡毒化兩岸關係的一步。北京曾經多次暗示，在兩岸之間可以無話不談，故當然也包括台北最關心的國際活動空間問題；台北方面亦確曾有學者主張，可與北京直接洽談台北參與聯合國的事，但這些說法多被指責為投降主義。可見，外交問題不僅在兩岸之間掀起政治波瀾，同時更是台北的政壇內，政

治人物彼此相詰的熱門焦點。

由於北京僅肯將台北的外交活動，放在台灣對外關係的脈絡裡理解，從而在設計對台政策時，不能對症下藥地提出有效的政策。當北京呼籲兩岸具有代表性的人物，坐下來談台灣方面所關心的任何問題時，台北的媒體與政壇均反應得相當冷淡，這卻沒有引起北京方面的反省。同樣類似的說法經由北京一再重複，似乎只能讓北京相信，台北毫無誠意，而自己則仁至義盡，唯北京所體會不深刻的，則台北政壇缺乏一種機制，能對北京不斷放送的委婉、間接訊息，加以掌握利用，此乃台北的政治文化使然。

在台北，人們習慣較為快速的政治腳步，各項議題來來去去。在本土化完成之後，政治人物一改過去迂迴的風格，表達意見直截了當，不假修辭。對習於字斟句酌的北京大員而言，自然找不到賴以溝通的竅門。北京為了避免過早做出承諾，或亮出太多談判底牌，送出訊息時只能吞吞吐吐，欲語還休，寄望台灣當局能細細品味箇中深藏的寓意。但台北的政治人物已經沒有時間與耐性，蓋高速變化的台北政壇，不容人們細嚼慢嚥北京在字裡行間想表達的善意，台北政治人物多半只會針對具對的建議來反駁。

就算有少數人能察覺在像江八點這樣的主張裡，確有可以延展北京底線的餘地，他們恐怕也不能公然地詮釋中共的可能意圖，否則的話，他們等於是在進行一項政治自殺，將被虎視耽耽的政敵，指責為中共的同路人。所以鮮有政治上的機制，可容許台北就北京那種迂迴的表態，加以發揮運用。其結果，所謂兩岸具有代表性的人來談台灣方面關心的事，到底包不包括台灣的國際空間？若包括的話，要從哪談起？談了以後能有什麼預期？都不知道。北京擔心太早洩漏底牌而語焉不詳，殊不知這反而限制了台北政壇的想像空間。畢竟，台北政壇罕有人取自作多情地臆測，北京的讓步幅度可以有多大。既然北京自己不具體說明，那麼台北最保守安全的作法，若非相應不理，就是指責北京言語無物，這怎能不讓北京焦躁

難安？

　　既然台北對於談判的號召相應不理，並且繼續推動各種形態的外交活動，就勢必強化北京對台北的懷疑，繼之發動各種批判，就更加疏離了台北對於談判的距離，於是形成惡性循環。故台北想要確定談判一旦啓動絕不會造成困局，恐怕就得向外求援；而當北京發現，即使在他表示什麼都可以談之後，仍然不能吸引台北，就必然訴諸強硬手段。此發展已非人力所能轉移。綜上所述，台北外交活動影響到兩岸關係的原因有二。一是人們不知道此一外交是邁向統一的踏腳石，還是阻擋統一的絆腳石；二是大陸願意就外交問題進向洽談的暗示，對於凡事皆求具體明確的台北政治文化，缺乏吸引力。

　　不可否認，有一些深層的因素，在左右著兩岸對台北外交活動的定位。比如，大陸上瀰漫著反帝國主義情緒，使得北京習慣性地以民族主義角度，來批判台北的外交努力；而台灣內部對於一種主體性與尊嚴感的追求，有效地限制了台北在開拓外交空間方面，暴露出任何怯懦或保守的姿態。不過，沒有理由相信大陸非要把台北的外交，講成是帝國主義的陰謀不可；也沒有理由堅持，台灣人民的尊嚴完全得依附於官方的外交活動中。因此，如何更準確地修正兩岸溝通的風格與習性，以便台北對於北京的諸多暗示能做出積極思考，同時北京亦能就台北關切的事先提出更具體的呼籲，才是重點。

　　如果北京真的準備在統一過程中，細心誠懇地照顧到台北開拓外交空間的努力，就不妨敞開胸襟，更具體地讓人們知道，到底讓台灣人獲得尊嚴感的，是什麼樣的外交安排。倘若一味地擔心台北會利用中共的底牌，得寸進尺，索求無度，其實就是假設自己與台灣人民是站在對立面的，所以才要處處設防。在沒有任何更具體的方案提出前，片面地要求台北先全面停止外交活動，無異要求台灣人民絕對信任中共，這對於自己不被中共信任的台灣人民而言，實

難稱公允。用防堵的方式來打擊台獨，爭取民心者，只是有小聰明的人；用疏導的方式來緩和台獨，爭取民心者，才是有大智慧的人。

◆發揮超越主權的人道外交觀

中國人的政治文化，最在意就是別人的「動機」。如果覺得一個人動機良善，不論做何壞事，都可以接受；如果認為此人動機是邪惡的，不管做何好事，皆不能接受。

今天台北與北京，兩方彼此看待對方，就是假設對方動機是邪惡的，所以在加入聯合國事件上，不論我們動機是不是純正，中共必然從負面去解釋。因此，想要加入聯合國，必須先經過北京這一關，亦是唯一的捷徑，不通過北京，永遠進不了聯合國。通過北京的目的，就是要讓北京瞭解到我們的意圖。

好多年前，中共內部宣導一個觀念「社會主義商品經濟」。商品經濟的觀念被用來抵制市場經濟的說法，當時中共認為社會主義不能與市場經濟結合；五年後，中共卻將商品經濟說變成市場經濟說，認為社會主義可以與市場經濟結合，因為只要社會主義的大帽子套上去，以社會主義這樣良善的動機，其他都是可以接受。

談到一國兩制，決定動機的就是一國，決定實踐方式的就是兩制，如果將其改為一國兩席，理論上發展的幅度，不見得比社會主義商品經濟邁向社會主義市場經濟來得大，因為只要動機是一國，兩席未必是不可以接受。

事實上，一國兩席並非一個新的主權，李總統曾經提出一個新的主權觀，即要超越地域，發揮人道關懷。他認為中共的傳統主權觀，已經過時；李總統提出的人道外交觀念，就是希望跳脫將主權定在一個疆域，互相排斥的傳統國際法觀念。

現今，我們必須與中共做某種程度的溝通，使其了解一國兩制往一國兩席走，並沒有違反良善的動機，這不是要爭主權，而是要爭取台灣地區兩千萬人民對其他國家貢獻，以及合理分享世界上現有資源的機會。

如果用主權角度來處理所有的行動，必然引起中共的激動而採行封鎖。例如：先前我們與尼日建交，中共便馬上與南韓建交，因此，可以明瞭，中共在國際上對我們抱持的態度。

當初，提出務實外交，其主要目的是，由於我們在主權戰場上，無法與中共競爭，爲了迴避主權的問題，提出此一觀念，以便用外交協助國民開拓生存空間。因此，加入 GATT 時提出台、澎、金、馬關稅領域的名稱，就是怕使用中華民國這名稱，被認爲是一個主權實體而遭否決。

然而，當台、澎、金、馬關稅領域的名稱，被看待成與澳門般，只是個次於主權的實體時，國人便不能接受。殊不知外國無法藉由否定關稅區來取消我們的主權，但如果我們今天將台、澎、金、馬本身當成一個主權與他國交往，不僅先是自己否定了中華民國成爲主權者，一旦世界各國否定台、澎、金、馬做爲主權者，台灣地區二千萬人民就再也沒有主權了。

所以，加入聯合國的推動過程，如果當成一個主權處理，對我們非常不利，並且會影響現今已經在國際中的一些地位。

在主權與分裂領土的問題上，由領土所決定的主權範圍，完全不能夠決定在那一塊領土上的人是否具有共同利益。共同利益的說法否定了因爲屬於同一種族、宗教、性別、地方而有共同的利益，因此共同利益絕無法由領土所決定。就像一位中產階級的漢族男性，絕對不能站在一個主權的立場幫非漢族，非中產階級的女性講話，全世界女性主義都反對主權的觀念，因爲主權是一種鼓吹排他價值的競爭概念，過去曾有倡講新女性主義的立法委員，竟然召開聽證會鼓吹主權。

　　主權是政客想出來叫被統治者臣服用的口號，知識份子應該予以抵抗、摧毀，而不是依附它、被它佔有。有的立法委員關心漁民、商人或觀光客缺乏主權保護，顯然卻認為主權可以將觀光客、商人根據國籍分開，但商人、勞動階級是沒有祖國的，另外，犯罪、污染的現象也是跨主權的，這些活動的誘因沒有一個是由主權決定的，而主權的內部中每一個人的利益也不一致。假設在主權之下每一個人利益一致的說法本身就是政治的。

　　台灣如何加入世界組織？台灣今天應提醒世界，台灣內部資源的配置必須要被納入全球資源配置的規範來管理。但是如果我們一天到晚講主權，將戰場置於主權戰場上，不讓外人了解我們在做什麼，而以為台灣內部每個人的利益都是一致的，那我們就更無法加入聯合國了。今天的重點，應是大家都知道，台灣有家庭、婦女、勞動階級等各式各樣的問題，與世界各地區的社會問題並無二致，都應該納入全球規範加以管理，而今天台灣不能被全球的規範管理，是中共造成的。我們要加入各種各樣的國際社會組織 (International Regimes) 才能被全球規範所管理，所以我們應該多談我們與別人共通之處，而不應以排外的主權作為爭取的理由，先分化了我們自己內部與別國的內部，反而凸顯我們內部與國外敵對的姿態，讓外人反對，這是很不合適的。

◆務實外交家抱著開車的心情

　　了解中國文化的人都知道，中國人一向務實，在各種各樣的原則、立場與規範之間，總是有許多可以遊走或操作的空間，西方觀察家往往覺得迷惑，為什麼在僵化強硬的表面之下，中國人常常又能睜一隻眼，閉一隻眼得表現出高度的彈性與容忍的藝術。中國人務實的文化到了台灣之後更見發揚，主要的原因，台灣的中國人沒

有中原那種虛矯的身段。

君不見，台灣人的民主政治，是在戒嚴體制之下，一點一滴磨出來的，人們遊走在法律邊緣，不斷地試探執政當局的容忍程度，從而成功地逐漸混淆了戒嚴體制的界限，終至崩解。台灣的中小企業，是在世界市場的邊緣，不斷找尋機會，在東邊弄一個盜版，西邊造一個仿品，看資本主義世界對於智慧財產權保護的界限在哪裡，最後還把仿冒品賣回眞品發源地區，眞是令人驚嘆。

上次修憲，先開個國是會議來回應社會要求改革的呼聲，然後討論憲法體制，再往「廢舊制，立新憲」的方向發展，也是一步又一步，旣大膽又謹愼地試探著當時政治上的旣有結構，看看它到底有多大的彈性，終至百年老店翻新。

仔細想想，台灣人在表面的原則之外找尋務實空間的這種作風，就存在於我們的身邊，台灣的司機，不都是靠著不斷逼進、擋路、暫停，在測試每一個其它人的容忍程度嗎？要是碰到兇一點的人，司機先生小姐一定識時務地讓一下，等下一部車過來的時候再擠過去，總會等到一個心稍軟的司機。

台灣人今天辦外交就像在當初黨外人士要突破黨禁時那樣。不對！應該說像當初搞國是會議要從體制外修憲那樣（還是說更像在世界市場上且戰且走，東拼西湊的中小企業吧）！不管怎麼說，他們都用在台灣開車的心情辦事。

務實外交家現在努力探測中共的容忍程度，他（她）的戰術就是不作原則規範立場之類的口頭之爭，走到那裡算那裡。北京要是生氣了，就緩一緩，過一下子又找個地方搞一下，也許久而久之，北京會像是台北當年的戒嚴當局，世界市場上的大資本家，台灣的舊憲法，或那位後來的心軟的司機；居然一時之間放鬆了一下，混淆了自己容忍的程度，那台北不就進了國際社會了嗎？

武俠小說中有一口訣叫黏，在務實的中國文化下，這個黏字發展成了纏字。纏的要訣就是你進我退，你退我進，頗像毛澤東當年

的游擊戰。過去有人批評北京的第三世界政策是一種游擊外交，沒想到務實的台灣人正在用同一招對付北京。北京會不會是那個心軟的司機呢？

有人說，如果主張中共會以武力犯台，就是在幫中共威脅台灣人，故只好以隱晦的方式來談，免得說在幫中共。假如有砂石車開到路上撞到娃娃車，下一次如有娃娃車經過，我們對娃娃車司機說：「你開車要小心，砂石車可能會撞到你」。而娃娃車司機可能這麼回答：「你不要亂講，砂石車撞到我要負法律後果，在社會上警察會把他抓去，你不要用這個方法來嚇我。」娃娃車內的小孩也指著娃娃車司機的鼻子罵道：「你為何開慢？為何不超車讓我們覺得很過癮？你為何要擔心砂石車司機如何想？你為何不告訴砂石車司機，你應該知道撞了我們後會產生後果？」於是娃娃車就開始超車。現在有很多人建議我們如將兩岸問題模糊化，中共不知道我們在做什麼，我們就不會有危險，因為反正不算是在玩弄兩個中國或台獨，就沒有關係。這種情形就如同我們告訴娃娃車司機，如果你要超砂石車的車，不要明顯地超車，而改走肩道，讓砂石車司機弄不清你要不要超車。但如果他撞到你，你就活該。

在台灣，為了要生存，發展了獨具特色的務實風格。但是在大陸，尤其是兵馬逐鹿的中原，人們講的是硬原則，死立場，放眼天下，誰都不讓，像那個風馳電掣的砂石車，目中無人，輪下無情。

砂石車開在一個中國的單線道上，務實的計程車能不能夠在路肩上開出另一條兩個中國的路好來超車呢？要是超不過去的話，是要硬闖呢？還是乾脆自己改開砂石車算了？

◆兩岸在聯合國較勁優劣立分

中共在聯合國的影響力可以分幾方面來分析。首先，中共在聯合國的影響力來源有四：它是第三世界國家在安全理事會常任理事國中的唯一盟友，經常批判大國；其次，它享有一向站在多數第三世界國家立場發言的信用；第三，中共擁有對抗先進歐美國家的否決權；而且，近十年來逐漸發展出主動積極參與聯合國事務的強烈願望，並已累積經驗，信心十足，最後，華籍人士進入聯合國本部及各附屬機關擔任要職者漸多（包括副秘書長）。除此之外，中共在聯合國之外的外交及經貿活動及文化交流，也有助於在聯大的地位。

但中共面臨的限制也有不少：首先，中共仍不願意以第三世界領導的姿態在聯合國起更積極的作用，所以具有被動性；其次，對多數第三世界國家而言，中共經多邊關係影響他們的能力不及經雙邊關係有效；再其次，在爭取聯合國各專門機構財政輔助的時候，中共與第三世界處於競爭關係；最後，由於中共在政策上傾向於作原則發言，別國常無法預期中共在特定問題上的具體看法。

中共在聯合國慣常的作風與眾不同，它在發表自己看法前，不厭其繁地先諮詢並蒐集其他國家的意見。而且，中共不輕意用否決權，以免人譏之為大國主義，行使否決時多藉用反霸或反帝名義。

當中共與多數國家意見相左時採棄權或缺席方式，能在不違自己立場情形下免於公開衝突，因此，投票紀錄顯示中共只有與大國的立場常不一致。

近來，中共在聯合國有一些新作為。它開始對具體問題進行游說，被動性似漸減弱。同時，對於聯合國維持和平的活動不再反對，也開始償付過去在這方面積欠的費用。它現在有意識地將受聯合國及其專門機構補助的各項計劃成果與經驗向第三世界傳播，故已經從一個學習如何參與的心態，向全面參與的心態轉變，從信心

不足轉變成頗具信心，更從慶幸獲得聯合國承認的心情，轉變成擔心有人利用聯合國名義干涉其內政的心情。

中共在聯合國對台灣也想參與的可能反應值得注意。它應該會避免問題多邊化，儘量透過雙邊協商取得支持。當然，中共會強力進行游說工作，也會使用否決權，一如當年曾否決孟加拉入會案（但這次不會妥協，因為事涉自己）。另一方面，中共必然動員第三世界友邦聲援，但若此案排不上議程，中共不會主動挑起此議。最後，中共會利用在聯合國各機構的影響力，懲罰某些支持過台灣的國家或政治人物，比如，威脅不支持聯合國和平部隊駐軍於與台北有邦交的海地。

台灣面臨的限制頗為關鍵，主要是台灣在聯合國會員中的邦交國有限，如此一來，它在聯合國各機構中的影響力小，必須仰賴幾個大國說項，這樣就容易成為別人的棋子，加上近年台灣人的國際形象在下跌，更因為過去與美國沆瀣一氣的投票紀錄，可能不為多數第三世界國家所欣賞。

◆務實外交泡沫下的宗教麻木

通常只有神權地區，政教關係才能常保和諧，一般主權者對宗教總會抱持謹慎態度。一方面，宗教作為精神寄託，往往是立國的心理基礎；另一方面，由於宗教組織超越主權，故可渙散人民對國家的效忠。歷史上，宗教常成政治人物顛覆他國主權的工具，這在連副總統往訪梵諦岡與台北策動達賴訪台兩件事上，再度彰顯。

咸信教廷的專權是主權國家發軔之基，蓋歐洲君王為排斥教廷而設想出主權理論，其目的是確認自己可以不透過教會，逕自與上帝溝通，即主權旨在保護人與上帝直接對話。主權之外想當然爾見不到上帝，自可視為黑暗世界。可見，上帝是西方主權的精神基

礎。西方早先的政教之爭，在問誰是人民至高的效忠對象？後來則確立政教分離，不過，上帝雖不管世俗之事，但仍激勵人心，使能本於信仰，自我肯定。

唯近代中國人建立主權，則無關乎直接向上帝祈禱的權利，反而是要排斥以傳教士爲先鋒的西方文明。問題是，如人心中沒有上帝，自然缺乏因信仰上帝所感受的主體自覺，而仍被世俗的君權、宗族、迷信佔據，表現不出西方人那種自發參與政治，享受法定天賦人權，負擔公民義務的主體性。面對被動的臣民心態，焦慮的中國領袖屢屢揠苗助長地動員百姓，使作出積極效忠國家狀，以愛國主義塡補成爲公民後的心靈空虛。

故民初革命型知識分子最痛恨兩種宗教勢力：一是象徵西洋文明的教會，因爲他們一再幫助帝國主義，使中國淪爲次等主權，這裡包括天主教；一是本土的宗教迷信，因爲彼等妨礙人民發展獨立思考的科學態度，擺脫土地羈絆，孕育個體意識，這裡則包括喇嘛教。困擾中國人之處不在政教鬥爭，而在雖不信仰上帝，卻想建立以上帝爲精神支柱的主權，並抗拒來中國推銷上帝的西方主權；同時，又發現國人其實活在上帝所不屑的迷信裡。於是不少人接受西方現代化史觀，上焉者搞西化，下焉者自怨自艾。

並非西洋教會在中國全無市場，但洋教的推廣是靠施捨小利，且依附於中國社會既有人情關係脈絡。質言之，中國人入洋教和入土教的動機無啥差異，多是與鬼神攀關係以祈福避禍。台灣的主權者歷來信洋教，但顯然也是祈福避禍而已，鮮有看到他們因爲信仰上帝，而能對自己的存在信心十足，從而能像個西方教徒那樣尊重他人，不搞崇拜。一個基督儒君情感上關切的，無非是獲得人民景仰，上帝只在名義上佔有自己，但實際上仍服務於自己的政治利益。

此何以教宗的客人在簽了支票後，竟不甚禮貌地聲稱，篤信上帝的梵諦岡和台灣共享尊重宗教自由的理念！達賴的主人也大言不

慚地以為，否決個人主體性至極的喇嘛教主來台，可體現台灣的主體性！說穿了，台北從不在乎宗教信仰，但因北京對土洋兩種宗教頭疼萬分，錯使台北把宗教想成可以顛覆中國主權的工具，如又能與教宗見面三分情，台北豈不儼然進入西方主權之林，把大陸區隔在有待上帝穿透的黑暗世界裡？

台北的宗教外交，難免勾起中國人排洋、西化、自怨的的三位一體情緒，致北京近來言行有失君子風度，竟剛好掩飾台北所吹起的外交泡沫下，有一種無可無不可、來者不拒的宗教麻木。殊不知，藉帝國主義與迷信傾向濃郁的這些宗教支援台灣主權，反而暴露自己沒有主權者天生對宗教的警覺，且無所謂信仰被濫用。則宗教外交成功的前提，竟是對主權無能，對宗教無知，何苦來哉？嗚呼台北建構主權主體性的努力詎非失敗？但能代表中國人成為非神權地區政教和諧的典範？也算不幸中的大幸了。阿門！

◆中共與美關係的心結與心情

經過多年掙扎，美國總統柯林頓終於在九五年宣布，延長美國給予中國大陸的貿易國待遇，正式將人權問題與貿易問題解套。但對白宮而言，未必能夠學到教訓。

柯林頓總統在首次競選期間，曾經指責前任總統布希「擁抱屠夫」，一度使人興起一股「新冷戰」的恐懼。台北也曾有媒體揣測在柯林頓主政白宮後，美國的對華政策可能會改弦更張。不過當時台北學界頗稱持重，蓋美國問題專家與中共問題專家從不同角度，分析了何以柯林頓不太可能大幅修改對華政策。最多，柯林頓政府只會改變白宮與中南海交往的氣氛，創造一些不同的心情。

所謂心情不同，就是說美國政府會在一種心不甘、情不願的狀況下，接受布希時期打下的對華政策基礎，這種心情不同的現象，

現在看來的確蠻好笑的。不僅中共在人權問題上鬆鬆緊緊，把白宮的胃口吊上吊下，而且還對來自國務院與國防部的代表，一手緊、一手鬆。如此一來，球丟到了白宮手上，它可以自我安慰說中共讓了步，但也可以覺得丟盡了臉。

中共其實只是想給它自己找台階下，也留一個階梯給白宮。問題是，白宮把話講得太滿了，而且人權問題上的判斷標準太具體，以致中共這種「捉放曹」的把戲，完全不能給足柯林頓一個面子。所以對許多美國人來說，柯林頓眞是丟光了臉。於是，後來就有人猜測，柯林頓政府不可能這麼簡單就範的，有可能在私下已獲得中共某種允諾，要它在將來作一些事來表示互惠。

當然，對中共而言，柯林頓政府同意繼續最惠國待遇是一種友善的姿態，中共不會不識相，但是，在雙方氣氛相當僵化的前提下，中共大概不可能已在事前答應與美國進行暗盤交易。如果兩邊沒有先吵那幾次架，則中共彈性地答應美國，說將在獲得最惠國待遇延長之後釋放一批民運人士，可能頗爲合理。不過，吵架已經吵了，暗盤交易之說大概不成立。

可是，要是中共自動識相地回報白宮，而在其它方面作一些配合美國的事，則仍大有可能。中國人最擅攻心，作一些善體人意又不著痕跡的主動讓步，可以扭轉雙邊關係的氣氛，使大家已經扳下了將近一年的臉孔，露出笑容。也許，心情可以往上揚了。在這一點上，美國是有所得的，因爲畢竟它那個吸引人的物質文明可以光明正大地流竄神州大陸了。

人們不必期待美國會在這件事上學到什麼教訓。一般人認爲白宮喪盡顏面，可是，美國的外交官通常記憶很短，而民主黨尤其沒有外交記憶。誰也不能保證，國務院下次不會又找錯課題，搞壞雙方的氣氛，最值得人們觀察的，是國務院對「胡蘿蔔與棍子」手段的迷戀，假如山姆大叔體會不出中共作的老練而細緻的讓步，也不懂得珍視新的心情，還有好戲可看。

美國國內以自由派作旗幟的政客，不會輕易放過白宮的人權讓步，但效果也有限，自由派的民主黨國會議員就不太可能把事情鬧到有害民主黨政府執政威信的程度，而且國會議員的外交記憶反正也不長，白宮碰到來自國會山莊的指控不會太持久，而且受攻擊的炮火必然也是零零星星。

至於美國政府畫蛇添足地宣稱它會繼續支持台灣和西藏，則眞是叫人忍唆不住。這個噱頭，只不過是比柯林頓總統當年指中共爲屠夫的一種更溫和、也更拙劣的表態罷了。這種不必負責任的空談將使台灣高估自己在國際上與中共對抗的實力，也誤導中南海人士以爲台灣眞的與帝國主義搭上了線。在中國人處事態度裏，故意把第三人扯進來的作風，最不道德。

總之，每一個短期內白宮與中南海之間氣氛改善的可能都存在，只是，這絕不是白宮方面老謀深算的成果，而且也不是任何一方片面所能保證的。更重要的，如果有哪個多事的旁觀者，或美國內發出的自由派聲音，不識抬舉地要中共回饋一下，則爲了證明沒有暗盤交易，也沒有人能干涉中共內政，中共可能反而只好取消原本想作的一些示好舉動。那雙方合作或交流時的心情，仍會有不甘願的成份。

◆李總統跨洲之行的內外效果

籌劃多時，轟動海內外的李總統跨洲之旅在一九九四年成行，總的來說，其對內的積極效果略大於對外的，且至今猶存，值得回味。

總統行程間的談話多是針對國內情勢與兩岸關係而發，有時是宣揚台灣憲政改革的理想，有時則表現中華民國獨立主權的風度，對國內當時低迷的政治氣氛起了勉勵作用，也對海峽彼岸關心的事

有了進一步澄清。

　　跨洲之旅協助國人認識複雜的世界，學到不能「拿金錢來買外交」、「不要老想自己是特別」，而要知道「每個國家不同」。的確，以族裔認同為依歸的南非選民，至今體會不了「主權在民」的故事，不知什麼叫國家公民，而寧願作國王的子民。同樣地，史瓦濟蘭的農民迄難領略「台灣經驗」的奧秘。

　　台海彼岸的領導人會不會因為跨洲之旅未能替台北找到新的友國而寬心？由於美、日等國聞風不動而暗笑？或尼、多、南、史等國家學不到台灣經驗而竊喜？不會，北京只會以嚴肅的心情去評估，跨洲之旅是不是「分裂祖國」的另一次「花樣翻新」。

　　活潑輕快的跨洲行與北京沈峻的面孔搭不上調。台北適時放出有意推動第二次辜汪會談的訊息，寄望兩個效果：一個是內在正漸凝聚的自信氣氛，乘著千島湖船難與跨洲之旅之勢，鼓起面對北京的高昂姿態；另一個是藉著兩岸高層接觸，化解北京那股必欲澄清台北意圖而後已的焦躁，請它享受「模糊」。

　　跨洲之旅反映了台北方面結合外交政策與大陸政策的努力；兩岸加速交流帶來台北高層降溫的要求；降溫使兩岸官方緊張升高；緊張關係適時鋪設了台北向世界出發的鬥志；世界之行則有效地給予人們再面對彼岸的氣勢。

　　跨洲行對內達成此一循環的階段性任務，使兩岸關係的起伏規律地循環演進。

◆亞運事件上台灣立場難拿捏

　　中國大陸前一陣子申辦奧運 2000 失敗，舉國頹然，中共文藝界跟著起哄，推出專刊引介後殖民主義學派大師，阿拉伯裔的愛德華．賽伊對美國的批判，多少也能滿足一下民族自尊心。沒想到，

同為阿拉伯人的阿罕默德親王，在一九九四亞運會前，邀請李登輝總統赴日本出席，引起大陸體育與政治界的軒然大波。只不過，這次他們不把阿拉伯人當友人了，不僅不能贊揚阿罕默德不畏強勢，更難再推出賽伊作後衛來收拾局面，難道中共能請出同情弱勢的賽伊嗎？只怕這次會是批判到了自己。

不過，台北各界對中共的質疑可能虛偽了些。表面上，人人指責中共政治與體育不分，其實說穿了，亞運事件基本上就是兩岸之間的統獨大戰，不過，兩岸之間的統獨大戰，與台海此岸內部的統獨之爭有所不同。在此岸，是對「統一」或「獨立」作為台灣終極認同孰者為優的爭議；在兩岸之間，則是大陸防止台灣往獨立方向發展，而台灣防止自己向統一方向發展的爭議。故兩岸之間的統獨爭議，是雙方都為了維持現狀，但卻又都擔心現狀會被對方改變而引起的。

所以，李總統赴廣島出席亞運的努力，顯然是要貫徹總統要走出去，讓世界知道中華民國存在的企圖心。這個決心，乃象徵著台海現狀將往中共所期待之統一的相反方向邁去。中共對台灣的阻撓，在台北看來，則是一種明白的打壓，表示中共有意使台海兩岸往統一的方向走。其實，台灣原本的意圖是要反抗；而中共的意圖是要反獨，但在對方的眼睛裡，就成了對獨立或統一的訴求。

有些人認為台灣想讓總統出席亞運，是在搞民粹主義外交，亦即不問現實可能性，一廂情願地發動群眾與政治人物來表態支持；其它的人則不解，何以決策單位的人沒有啓用一些大智慧，看全局的策士。不過，這些批評畢竟是少數，並不是他們說得不對，而是因為這件事情太尷尬。首先，對於過去一向主張兩岸加速統一，宏揚民族情感的人而言，他們不可能主動促請總統成行，因為亞運行既然旨在凸顯台灣的獨立地位，當然會有反統一的效果，所以他們沒法出面批評中共。另一方面，他們也不方便高聲批評日本，因為一心嚮往統一的人，總是習慣將台獨、總統、與日本聯想在一起，

如果批評日本，豈不表示自己也同情總統的亞運行，且又把自己過去將總統與日本劃等號的作法推翻了嗎？這是統派異常沈默之原因。

相對於此，鼓吹台灣獨立的人固然對中共益加不滿，但更重要的，是他們也對日本與台灣的關係必須再作檢討。換言之，中共似乎不是唯一的問題所在。除了中共對日本的壓力之外，好像日本人確實無法體會並滿足台灣人的需要：也就是說，日本人與台灣人沒有什麼文化上的互相同情性。日本在台灣五十年的殖民主義所培義的兩個社會共生關係，在亞運事件上被揭穿，原來日本與台灣之間是不能相互體諒的利害關係，台灣竟逼迫日本進入了兩難的決策困境，而日本居然絲毫不顧及台灣的出頭願望！果眞如此，未來台灣要追求獨立時，便不可能眞的依賴外力了。台獨意味著台孤，那就表示台灣必先具備全面獨立的自生力量。這正是獨派人士迄今無法大聲批評日本，只肯尋求日本親台勢力支持的原因，他們不敢與日本徹底鬧翻。

在這個尷尬的背景下，少數觀察家選擇李總統來批評就顯得文不對題了，如果統派與獨派都不敢或不願批評中共或日本，是表示整個台灣都缺乏獨立的個性，怎麼反而選擇那個亟思表達獨立意志的政治領導人來譏諷呢？事件之前的幾個月，統派與反統派幾次雄辯，一方指日本是殖民主義，另一方面指中國爲外來勢力；反而在廣島亞運上，殖民主義與外來勢力結合了。讓雙方驟然失去立場，原來兩邊都是對的！要靠中國來體會民族情感，與要靠日本來撫慰失落感的人，一下子都沒有了敵人。或者，一下子發現人人都是敵人，所以反而就不敢主張自己了。

亞運事件應該讓我們認識到，我們雖然沒有勇氣，又沒有能力拋去日本，丟開中國，但也實在沒法就把自己交給日本或中國。而我們對於大陸在情感上的矛盾尤勝於對日本，因爲我們十分願意到日本去推動總統出席，而不肯與大陸懇談，可見亞運行是針對中共

的，不是針對日本的。如果我們與中共談判此事，豈不牴觸了台灣作爲獨立實體的訴求了嗎？這種對中共的拒絕心態，卻又恰恰表明我們心中深層的中國認同依然存在，才會使兩岸之間任何接觸，都對台灣的認同產生莫大的威脅。

亞運事件或許可以協助我們進一步感受到中共對台灣的敵意。但這個敵意多少是我們自己創造的，靠著這個敵意，即使總統去不成日本，都讓我們保存住了有別於大陸的一種自我意識。是這個敵意的氣氛，不是總統獨立的個性，才應該是觀察家好好檢討反省的。假如有一天，台灣人能在心態上找到不屬於中國，也不屬於日本的那一部分自己，那亞運事件也不會一再重演；否則，台灣人是不會輕易放過任何可以證明兩岸敵意的機會。

◆亞運事件暗藏殖民主義情緒

歷史眞會作弄人！爲了安排李總統赴廣島參加亞運，台灣人的感情世界平添波瀾。愛中國的人，看著中共揮舞著五星旗打壓台灣，在嘲弄總統的政策之外，多少也有些惆帳；愛日本的人眼見東京拒我千里的態度，除了勉勵自己樂觀奮鬥，難免要感到失落，前一陣子，人們還爲了總統與日本作家司馬遼太原一席知心話而交相指責，一邊說大陸過台的外來政權是新的殖民者，另一邊咒罵日本殖民主義在台灣陰魂不散，誰也預料不到，中國殖民者與日本殖民者正在聯手，讓台灣之內雄辯的雙方尷尬不已。

這種錯綜複雜的認同，帶來了一種奇特的生活經驗，因應了九〇年代流行的後殖民主義作家所形容的漂泊的成長歷程。過去，在殖民母國的學術與政策引導下，那些曾爲殖民地的社會一度認爲自己必須追求現代化，步母國的後塵，後來有一些人反思，覺得各個地方皆應該有自己的文化，於是又形成了排斥母國文化的反殖民運

動。不過，後殖民主義作家卻相信，征服者的文化，和抵抗者的傳統不僅是並存著的，而且還相互依賴，漂泊之謂，正是描述著夾在多種認同之間的人們，如何在屬於別人創造的文化環境裡找尋自己。這種痛苦的任務，常使人們寧可放棄而選擇依賴強勢文化，相信自己的純潔，去歌頌日本料理，講英文，或膜拜長城。

台灣人所感受到的漂泊尤甚於一般的被殖民國家。傾心於日本文化的人與委身給中華傳統的人輕易地在對方的身上看到征服者的傲慢。站在北京，視野裡是一個曾經殖民中國大陸，又殖民台灣的日本，總統要前往廣島所引起心底的仇恨與恐懼，不是漂泊在日本，中國與美國之間的台灣人所能心領神會的。可是靠向日本的台灣人，卻不能不說是在對那個經常氣極敗壞，舉止乖張的中共作出抗拒。後殖民主義者相信，每個殖民地一定有獨特的自我個性，然而追求自我的台灣人，不歸中國，則歸美、日，他們多重的殖民經驗所造成的空虛感，比後殖民主義者想像到的更具漂泊性。

廣島亞運仍有可能是後殖民主義在台灣的肇端，李總統要參加的決定，碰到中國的反對與日本的無措，恰恰說明了台灣既不能附於北京，更不能倒向東京，但顯然又拋棄不了這些殖民文化的無奈。這正是後殖民主義的關鍵訊息！你的身上流著自己的血，也流著征服者的血，你註定要漂泊，也要享受漂泊，與邀請李總統的阿罕默德親王同屬阿拉伯裔的後殖民主義大師愛德華，賽伊一再說過，生命的貢獻在於能和平地使大認同中的小認同，大社區中的小社區，大部落中的小部落，在互助的氣氛中成長，矛盾的是，中國大陸文藝界，在爭取奧運 2000 年失敗之後，曾專門推介賽伊的理論，充滿被殖民恐懼的中國人，竟在亞運事件上，反串了類似殖民者的角色！

又是被殖民者，又是殖民者的中國經驗，早就在台灣發生了。今天人們口中的台灣人，剛好是不同世代來到台灣殖民的中國人，後來的人竟變成了先來的人的殖民者，更新近的現象，是不少台灣

人現在又作了第一代中國人，回到大陸建立自己的商業王國，剝削當地的勞工，這台灣來的新殖民主義者，把大陸的人拉回「母國」台灣的邊陲，釀成前此慘絕人寰的海上旅館漁工集體溺斃的事件。中國大陸藉著舊殖民者（外省人）的文化認同，企圖在政治上左右台灣；台灣透過新殖民者（台商）的經濟壓迫，希望在商業上利用大陸。兩岸互為殖民的奇特現象。繼續促成或強化多數人們的多重認同，使後殖民主義的漂泊說更見貼切。但也使追求純潔認同的台獨人或中國主義者倍感威脅。

總統要赴廣島的決定，畢竟是一個後殖民主義現象，代表著兩層意義。一方面，這說明台灣有不從屬於日本的自我需要，但在牴觸日本東亞秩序觀的同時，又顯然是想懇求日本的同情與協助。過去的征服者與殖民地至今仍是共存且互賴的。相對於此，台灣看待中國的方式，則仍停留在一味抗拒的反殖民階段，因為，台灣敢面對日本，又提出要求，且動之以情，而台灣始終不敢面對大陸，只好勇於隔空放話。後殖民主義者在此又可以讀出兩個訊息。首先，台灣人不敢承認自己的中國根，以免混淆了自我認同，此表示台灣人其實尚不知如何在心態上將自己與中國作出有意義的明白區分。其次，是大陸對於台灣認同的拒斥，也使台灣人在現實上感到疏離。

只有占星家可以現在預測總統一次又一次的訪日計劃能否圓夢；等不及結果的政客卻必須先表態支持；剩下後殖民主義者去作一些奢望：總統何不找個人與北京去談一談，講些台灣人的心結，疏通一下北京的焦燥，聽聽中共認為李總統在什麼時候才可以正當地走出台灣。繞過中共排斥它，並不會因此而使自己身上的中國血消失掉，也改變不了台灣人是早期的殖民者與九〇年代崛起的新殖民主義者的事實，更抹不去日本殖民台灣的經驗。起碼，此番亞運活動若能讓台灣人欣賞自己多重認同的後殖民經驗，緩和淨化認同而採行的激烈手段，說不定他們也有感化中國人的一天。

◆參與聯合國醉翁之意不在酒

　　前文曾說過通往聯合國的最短道路，是經由北京；但其實這話說得不夠，要作一點修正，即通往聯合國的最短而且「唯一」道路，是經由北京。如果不通過北京，而欲進入聯合國，或從事許多似乎要進入聯合國的行為，它本身絕對不是以進入聯合國為目的。

　　我記得參加外交部一個類似的座談時，聽過反對黨的議員特別強調，推動參加聯合國是重在過程而不在效果，這話是非常傳神，富戲劇性。的確，參加聯合國的活動是反映，同時也強化、持續了國內繼有對國家認同的爭議。舉例而言，外交部錢前部長在說明為什麼會發生聯合國參與的問題時，強調是因為中國內戰後產生兩個政治實體，故而產生兩個實體都要進入聯合國的問題。這個說法當然是說明我們參與聯合國的歷史來源，但仍細一想，這說法也否定我們從民國 38 年至民國 80 年的動員戡亂時期所曾說過的，不承認中國大陸為一政權的立場，這等於是為了加入聯合國，而對歷史所作的一個翻案，即中華民國老早在民國 38 年就應承認中共為政治實體。雖然錢前部長沒有這個意思，但他的話有這種的法律效果。

　　當官員、學者在作此類歷史詮釋時，常得出他們無法想像的意義；因為這事不是他們發動的，所以他們無法體會去發動聯合國運動的人，其潛在意圖與背後想法。

　　為什麼加入聯合國是一個認同的問題？因為要想加入聯合國，我們就必須先在周圍的地理位置劃一個界線，在範圍內是相同的人，範圍外是不同的人。雖然，我們在加入聯合國的努力過程中，不必宣告我們國家的疆界及地理位置，但是，加入聯合國的活動，凸顯了這個關於疆界的前提。

　　進一步來說，這種用地理疆界來決定自己的認同的作法，進一步影響生活在地理疆界之內的人，使他們很自然會產生疏離感。這些人包括了大陸省籍的人及華僑。所以，以地理疆界來決定做事的

方向及前提，其實促成了國內省籍族群的紛爭。

再者，我們經常引用西方的看法，也對於我們加入聯合國的種種活動獲得西方的認可而高興。教過國際政治學的學者都了解，在西方學者的眼裡，只有利益衝突和權力均衡的觀念，因為這是它與蘇聯冷戰時期所發展出來的學術路子。透過這個觀點來看台灣加入聯合國的活動，當然就會把它看成是台灣與中國大陸在利益衝突方面的一個例子。所以，美國式的國際政治學的觀念決定了台灣加入聯合國的意義，台灣人自己不能決定加入聯合國的意義何在？

中國大陸的人民更在這個過程當中被疏離，完全沒有可以發言的立場。台灣加入聯合國的意義已經在美國冷戰時期所發展出來的學術理念中決定了，一旦決定，大陸地區自然就會有被排斥及疏離的感覺。假如台灣的人民學習西方媒體、學者或政客的眼光，來看台灣加入聯合國，或因為這件事引起國際間媒體的注意，而沾沾自喜，我們只不過是在學著做一個美國人來分析台灣人，學習台灣人在整個美國國際學界眼中，應該扮演什麼樣的棋子角色！

在我看來，今天台灣如果要加入聯合國，有一件事情很重要，即我們應該先營造我們和大陸之間的良好氣氛，這個氣氛決定了台灣的一舉一動，是不是在疏離大陸、排斥大陸或視而不見的情況下進行。

基於上述，我覺得台灣加入聯合國有五點積極的作法。第一：新聞局的活動和宣傳，一開始文字使用中文，後來加印英文版，卻從來沒有使用過任何簡體字。也就是說，我們宣傳的對象是國內、國際，但是不包括大陸，大陸的人民在台灣參與聯合國的過程中，必然是旁觀者，被排除在任何角色之外。所以，大陸當然要反對我們參與聯合國。為什麼我們參與聯合國必須對大陸宣傳？因為，如果不對大陸作宣傳，等於告訴大陸，我們今天加入聯合國，是整個國際大戰略中，造成兩岸之間利益衝突，與權力平衡的一顆棋子，也等於告訴中國大陸你一定要反對。

　　當然，如果我們加入聯合國的目的不是只爲了加入聯合國，而更是凸顯國家的新認同，那麼，讓大陸投反對票，也算達到我們的目的。我們國內的人民對於台灣的認同產生混淆與不確定，如果大家有共通的敵人在外，就可以透過與共通的敵人的相對抗或互動，來迴避自己到底是誰的困惑，旣然我們加入聯合國的目的是爲了暫時解決台灣國內的認同紛爭，找到一個共同的敵人，當然不必透過大陸，如果透過大陸，說不定就眞的加入聯合國了。

　　作爲學術界的一分子，應該不分黨派、族群，將台灣加入聯合國運動的眞實感受，告訴大陸學者，讓他們了解台灣內部不同的聲音及邀請他們站在我們的立場考量。

　　立法院的同仁應該主動、積極的與中國大陸人民代表大會的代表，進行交流，當然，也許不是邀請他們來說明一個中國的原則。重要的是，讓他們了解台灣的情形，透過主動的交流來體會我們的心境。如果立法院的委員只是跑到美國，與美國國會議員進行交流，而不願意到中國大陸找人民大會代表，那麼，參加聯合國活動的目的，不是爲了參加聯合國。

　　再者，國統會的委員應該積極向中國大陸的政治協商會議反映台灣內部各種民情，讓他們了解台灣的狀況。

　　另外，執政黨和在野黨應該要向中國共產黨以及大陸其他八個參政黨，主動接觸及討論有關台灣參與國際外交活動的問題。這些具體的問題，必須再來設想。

　　如果參加聯合國最主要的目的是脫離大陸，證明我們不是大陸人民共和國的一份子，那麼，上述事情我們就不應該去做，不過，如果是眞正想加入聯合國，我們就該把對象弄清楚，目的不是爲了對抗中共，和中共打仗。而是讓中國人能夠在世界上攜手合作，爲促進世界和平而努力。現在加入聯合國的現象猶如西邊一片黑，如果不能點燃蠟燭，聯合國之路仍頗遙遠。

◆江澤民訪非其實不是對台灣

中共國家主席江澤民在台灣總統大選後率文武官員訪非，引起此間頻繁報導，咸信此行的主要目的，是中共在外交上封鎖台灣的重要環節。不過，這種想法可能流於台灣中心主義，以為北京的一言一行，都圍繞在兩岸關係上。實際上，江澤民的非洲行是八九年天安門民運以來，中共追求世界角色定位的連串努力之一，並非只針對台灣，但不排除這些外交定位活動，終會影響台灣。

中共外交上最大的一個困境，是北京一向慣常用來理解世界格局的幾種說法，紛紛失去切入的焦點。其一是反對霸權主義，過去主要指的就是前蘇聯，到了八九年才首次在未提及蘇聯的情況下，單指美國是霸權主義。其二是社會主義，但卻因為蘇東集團的瓦解，以社會主義為號召的外交定位，難以著力，甚至說服不了自己。其三是和平共處，這一點中共至今仍朗朗上口，其背後隱藏的，主要就是耳熟能詳的主權原則，追求的是國家的獨立自主，而相伴隨的訴求，是八〇年代中期提出的「和平與發展」。

問題是，獨立自主或和平發展都太過於平凡，顯現不出中國特色，在八九民運受到世界矚目，引來西方大國的制裁後，單喊主權與發展，看來太過被動，對內對外都缺乏道德感召的效果，碰到北京受到外交孤立之際，某種新的定位變得十分重要。九〇年代初期開始，中共領導人足跡又遍及第三世界，外交學界更重提「對抗」，作為未來國際關係的特點。適逢美國鼓吹世界新秩序，一方面運用多邊組織掩飾大國主導，另一方面又炒熱人權議題，對第三世界進行非軍事的軟性干預，益加凸顯北京在世界舞台上的惡人形象。

九〇年代中期，中共完成對世界角色定位的評估，決定重新回到七〇年代的非洲外交時代，但此番的訴求不再是世界革命，而是作為改革有成的大國，返回非洲提供援助，表示自己有別於西方世界予取予求，不知反哺的剝削作風。北京的非洲政策，將成為北京

重新面對西方的一個重要起點，他會全力證實中國比西方更關心非洲，從而在與西方衝突時，獲得非洲友國出面聲援或票源。中共的善意，因而是在對抗西方的前提下孕育的，而近來親西方最力的台灣，難免受波及。

西方在九〇年代以來提出的文明衝突論、與圍堵中國論，和來自北京深謀遠慮的反彈，構成二十世紀末期的世界外交格局。台灣在這個節骨眼上，用外交選擇了美、歐、日本這一方，等於就躲不掉中共外交反撲的風暴。中共的外交定位，是他反霸反帝的動機決定的，這股波濤撞擊到台灣海峽，是遲早的事，南非的倒戈只不過是其中的先期徵候罷了。

◆模擬一下就知中共怎麼鬥爭

研究中共派系鬥爭的人，有的認爲應該發展出一個普遍性的模式，有的則認爲應該認清中共獨有的特色。贊成普遍性模式的人，當然不必深入理解中共所處的特殊歷史文化背景，因爲他們關切的只是跨國界，跨文化的共通現象。而相信中共特殊性的人，則辯稱中共式的派系鬥爭有因文化而異的風格。

在嘴上辯論這個問題的結果，當然是公說公有理，婆說婆有理。這兩種觀點在傳達給學生的時候，通常流於抽象邏輯與具體實例之爭。其實，主張普遍化模式的人，固然傾向採用抽象模式爲教學出發點，但也沒有理由反對人們透過具體事例，來引導學生認識每次鬥爭中的普遍性含意；同理，好用歷史實例當教學素材的人，也不必反對學生從不同的素材中抽離出一些跨文化的共通現象。

問題在於，用什麼方式協助學生發展出一種理論偏好，使他們能真正作出有意義的跨國比較；或者，有什麼素材可以去協助學生體會中共的特殊性，使不流於膚淺的演繹推論。在此，如能設計一

套模擬教學，讓學生進入一特殊情境，去模擬派系鬥爭，則對教與學雙方均或可產生強烈的學習效果。同時，模擬教學法給理論家一個機會，可以觀察學生能不能成功地扮演教學者設計的特殊角色，如果能的話；則上述關於普遍模式與特殊文化的辯論就不必要了。因為即令中共具有特殊性，但不排除局外人學習的可能，則特殊性並不特殊；但若說中國政治鬥爭文化是經由學習才能體會，則普遍性之說又顯得過於浮面。

在過去，為了能讓美國學生體會中共派系鬥爭的緊張氣氛，曾根據裴魯洵對中國派系文化的分析，作成一套模擬教學實驗，在美的經驗應當稱成功，學生在事後往往得出一些前所未能體會到的心得，這套教學法在台灣也用了兩次，少數學生在上完課之後感到震撼，覺得好像過去所學的理論完全被推翻，這些天才學生的自由聯想能力，超過了所預期，但也給了一個啓示；台灣的學生由模擬教學中體會出來的道理（不管是否正確），遠比美國學生豐富，這不知是否與本地學生的中國文化背景有關，值得將來進一步深思。

在課上想完成的實驗，是要看人們能否在完全不透露自己政策偏好的情況下，左右政策的制定。這個作法，是假設中國人不好意思在政策過程中表達自己的偏好，而必須用各種其它的方式來推銷某個政策。而且，他們推銷這個政策的口號雖然冠冕堂皇，好像無涉自己的利害，但心裡想的無非是如何鞏固自己人的力量，削弱對手的威望。

實際的例子選的是一九七二年尼克森訪華的安排。具體的時空，是一九七一年五月廿六日之前的一個小型領導同志會議。五月廿六日開了擴大的中全會，向委員們宣佈季辛吉即將到訪，回答人們的疑慮，並在意識型態上替季辛吉的秘密之旅定位。假設在這中全會之前有一個更高層的會議，派系間不同的立場先在這裡折衝妥協，才在五月廿六日一致面對中全會。

班上的同學分成三組，分別代表文革派（以江青爲首）、軍方

（以林彪爲首）與國務院派（以周恩來爲首），每一組最少有三個人，但至多不宜超過六人，必要時可以設一個中立的第四組，供扮演毛主席的人御用差遣。毛主席最好由老師自己扮演，原因有四個。第一，毛在中共之內的地位崇高，由老師自己扮演，比較符合實際狀況中在威望上的差異；其次，老師比較知道模擬遊戲要發展的方向，可以暗中控制，恰如毛本人之行徑；第三，經由參與，老師自己可以學到無窮的經驗，最後，如此則教室中無外人或旁觀者，降低作秀氣氛。

三派人馬各獲不同的事前指示。這些指示當然不必完全符合歷史現狀，但也不能太過離譜。周恩來派要推動與美國關係正常化，但既不方便用什麼抗蘇聯來作全部理由，又不能簡單地表示，中國想進入國際社會。所以，他們要高喊反帝，表示藉著關係正常化取得與美國人民接觸的機會，鼓勵推翻美帝；並可強調，此番可是美帝自己送上門來，表示美帝的屈服。

江青派不能容許關係正常化輕易發生，豈不象徵世界革命原則告終，所以必須無所不用其極地在意識型態上站高立場，並對周恩來等人進行無止境地人身攻擊。表面上，三派之中，文革派的立場最容易扮演，言行一致的鼓吹世界革命就好，但實際上，他們既無政權在手，又沒有軍事實力，手中只有宣傳機構，所以其實汲汲可危。文革派深知另外兩派都反對他們，所以他們的機會，在於拉毛澤東下水，不斷擴大另外兩派與毛之間的矛盾，強迫個別人物表態，使毛被框住，無法不站在他們一邊。

林彪派的立場最複雜，但使得整個模擬過程活潑詭譎，結局不定。一方面，假設軍方不願意因爲關係正常化的發生，引起中、蘇雙方衝突昇高，否則軍方將面臨嚴酷考驗。一九六九年兩次邊境衝突使中共軍方學到不少教訓，偏偏文革卻使得邊境軍力的均衡，大大不利於中共。另一方面，軍方也不願意用什麼世界革命的口號反對關係正常化，因爲這樣會增加文革派的政治聲望。所以軍方的辦

法是模稜兩可。他們提出條件，要求收回台灣作為關係正常化的前提。如此一來，他們嘴上不必反關係正常化，但實際上卻阻撓它。軍方一方可以批判文革派太偏激，另一方面又可以罵國務院太妥協。

假如每派有四個人，則實質上有八個人反對關係正常化，學生必須自己決定是否要與其它派系結盟。軍方需要周恩來幫忙對付文革派，但不願意支持關係正常化；文革派亦同，倒是周恩來派，面對表面上態度不明的軍方是否要結盟，也很難一廂情願。面對二比一的窘境，毛怎麼辦呢？毛當然要支持關係正常化，但絕不能說，而要讓這個政策自然而然的浮現，好像完全與他無涉一般。偶而他發一些詩興，但心中謹慎地控制全場，使軍方與文革派鬥爭不休。毛的困境在於如何讓居於少數的國務院派的主張自然而然的出現。學生不知道毛在想什麼，毛當然也不能輕易在公開場合站立場。

模擬開始了。毛走進教室，問大家對季辛吉來訪的意見，周恩來派簡報之後，就展開了意識型態的大辯論。有的時候，文革派或軍方還可以捏造一些訊息，用一些小道消息，偽造臨時電訊等手段，目的是增加自己的聲勢。毛不能經常發言，以免暴露自己的偏好，他必須根據現場的發展，在既有的發言中，挑撥文革與軍方關係，移轉對周恩來的人身攻擊。他應該儘量混淆議題，使辯論焦點集中在軍方或文革派個人的，具體的道德問題上。

模擬一小時左右之後叫停休息，各派可以大串聯，毛也可以找人幫幫忙，也可以按兵不動，他的目的只有一個，在下一階段時，用一些個人理由鬥垮文革派中某一個人或一群人。這把戲玩過五次，每次都成功，因為老師的威望確實容許一些操縱。文革派鬥垮之後，有人很震憾，也有人還搞不清楚狀況，但毛此刻會讓周恩來派總結，再問大家有無異議。五次之中無一例外，政策大方向就此定下來，周恩來派必須對往後政策負責。

讓學生最震憾的是，準備了好幾個禮拜的政策辯論完全沒用，

當文革派某人突然因為私人道德問題被鬥掉了之後，氣氛變了，有人意識到毛想要的東西而改變口氣，有人噤若寒蟬（美國學生尤其如此）。當然，也有人自始至終弄不清楚，死到臨頭還要嘴硬，不過大局已定。原來政治上的理論說法都是虛的，最高領導人的意志才重要。而這個意志永遠是暗示的，不是明講的。

模擬教學法是師生同樂，但事後討論非常嚴肅。學生拼命辯論都討好不了毛，當場就有上當的感覺，而這種失落感，完全不是普遍化模式，或傳統口述歷史事件的教學法所能創造的。固然，不同學生進入情境的能力不同，但事前適當地營造氣氛，老師與各組學生單獨全面作準備，均能使學生了解自己的角色。最關鍵的挑戰，則是如何在第二階段模擬時，讓學生體會毛心中的意願，而不再反對關係正常化，這點在五次經驗中，看來是依學生的頓悟時間而決定能否作到，不過，如果同一批學生再有機會，可能就更懂得察言觀色了。

至於中共派系到底是普遍化行為，還是特殊性文化風格，那就是學生走出教室之後自己要決定的了。

◆武士外交失敗的話難免切腹

外交活動顯然已經成為台北一九九七年之後大陸政策的主軸，理由很簡單，因為台北高層策士無不相信，短期（三至五年）間中共絕不敢再訴諸軍事威嚇手段；而過了這一段時間後，大陸的社會、經濟問題，將釀成劇烈的政治危機，屆時必然無暇東顧；即令中共有所企圖，美國也決不會袖手旁觀，而中共自然就不敢捋虎鬚。於是乎，據信台北若不趁這段時間大幅拓展外交空間，則將錯失良機，無法在二十一世紀初期大陸分崩離析之際，建立獨立的國際主權地位。

固然這些分析是在密室中枯坐冥想出的願望，但其效力已達到

不爲外界所動的地步，成爲前此布里辛斯基抵達時所預言的，進入
了一種循環自足的境界。依這種集體心願所達成的分析角度，是由
台北高層的期待所策動，也就不是什麼現實世界的發展所能左右。
務實外交演化至此，已經具備了武士外交的精神，即目標明確，意
志高昂，步步爲營，咬牙苦撐，堅信終必達成理想，摧毀敵人。因
此眞正的問題，在於什麼時刻要忍，什麼時刻要攻，但無論如何絕
不退讓。

　　多數缺乏武士精神的台灣人，比較傾向去多多觀察，而且由於
在性格上較爲怯懦，一心只想利用環境中的機會，而無意於改造，
因此適應起來頗爲彈性。外交對於他們而言，不是生命中的必須，
只有在國家領導人強迫他們表態或捐獻時，才做點若干必要的犧
牲，其目的僅是要擺出效忠的模樣。儘管過多的由上而下的要求，
有時會引起人們的閒言閒語，但務實而有韌性的台灣人，多能逆來
順受，找縫隙，鑽空子，繼續生存茁狀，並了解如何能使富有武士
精神的領袖，感到心安。

　　務實的台灣人眼裡所見，是大陸經濟宏觀起飛已勢不可免，中
共的調控能力並不因爲地方主義而潰散。社會流動人口大幅出現的
結果，只能形成局部的治安問題，實則已成爲大城市基礎工業賴以
奠定的要素。最後，雖然中共中央領導班子的人事更迭，在每一個
特定時段都有暗流，卻在歷史長期中看不出撼動中央政權的大波
動。簡單地說，這些人不想在中國的改革大潮中缺席，儘管沒有人
打算去主導或操控，可是人人又都希望能在這時儘量利用已然釋放
的無窮資源，不論是勞力、技術、資本、土地、市場各各方面，以
便爲自己的事業、知識、胸懷做一些開創，拿一些好處。他們沒有
什麼遠大的抱負，但都希望能一點一滴地充實自己的生活，忘掉怪
力亂神、黑金橫流的台灣。大陸可能自顧不暇，沒有照顧台灣人的
心情；不過，台灣人管不了大陸的態度，他們是有花堪折直須折
的。

　　好在人們也懂得如何滿足各種政治壓力，蓋唯有如此，才能保存若干政治以外的空間，供自己揮灑。故武士外交家只要定期動員他們，就可保證在外交上衝刺的時候，可以有來自民間在口頭上，甚至物質上的供輸。倒是應該在世界上幫忙台北的美、日政府，有時表現得扭扭捏捏。本來照最務實的做法，就乾脆去與大陸上各種勢力接觸，在外交上按兵不動，等中共鬆懈。則在當前改革舞台上可資攫取的好處就太多了。不過，武士精神要求人們戒急用忍，正是要證明自己可以為理想而犧牲。犧牲愈大，愈證明自己的純潔與高貴。如此一來，已誓死與中共不共戴天的武士外交家只好將矛頭先針對搖擺的美、日兩強。

　　故武士外交最開始的敵人不在內部，而在外部。用務實標準檢驗武士外交時，難免不能不擔心期間的資源扭曲，但這些顧慮其實隔靴搔癢，體會失當。武士外交家的決定，不會根據環境的變化而重估，其基本精神的關注，在於要改造世界格局，以我為中心地規劃世界各大國的位置。當然，各國自有其估算，加上他們權力資源遠較台北豐富，常容不得台北操縱他們的外交立場。但真正的武士不會就此喪氣，而會鉅細靡遺，無孔不入地進行種種爭取活動。有人因此而用世俗的倫理觀，指責武士外交家無所不用其極，傷害了台灣在國際中的名譽。

　　這些批判顯得太學究、太儒家了。既然武士們將中國當成了唯一的敵人，則所有與中共妥協的人，都是敵對的，那麼忍氣吞聲地在私下用金錢去顛覆美、日社會中的團結，正是最後要進取敵人心臟的準備。果然，台北高層就不顧一切證據之不足，指責國際媒體所揭露，謂台北在美國涉入政治獻金之醜聞，乃係中共一手操作。一言以蔽之，武士道的根本，在於對自己認定的目標，絕對執著，而不是在手段上搞婆婆媽媽。

　　由於武士精神的百折不饒，使其在無法完成使命的情況之下，往往必須靠切腹，來表現自己志尚的純潔與崇高。腹部是人體最脆

弱的部位，在台灣，武士外交家一向是搞三通、促交流的人，是台北高層的心腹大患；而腹部又是人體吸收營養之所在，偏偏搞三通、促交流的人又恰爲支援台灣經濟與文化生命的支柱，故一旦武士外交失敗，逼得非以切腹明志時，那就是搞三通、促交流的人捐軀的機會到了，且拭目以待。

◆爲政治獻金疑雲說句公道話

　　劉泰英先生堅決否認涉入對美政治獻金的醜聞，不過大家好像充耳不聞。一來，人們覺得送錢辦事，早已是台灣人最熟悉的規矩，有何大驚小怪？二來，據說送錢的對象是美國，而不是大陸，送錢的人是執政黨，而不是台商，爲的是國家利益，而不是私利，幹嘛非否認不可呢？

　　說穿了，原來因爲在美國的政治規範裡，做這種事是很丟人的。我們的媒體起鬨，是由於美國人關心這檔子事；我們的黨政官員撇清，是由於美國官員議員會生我們的氣。但是，爲什麼我們要採用美國觀點，而放棄台灣的本土觀點呢？理論上，可能是我們所有在體制外從事的活動，其目的是要回到體制內，故非安撫體制內的人不可，否則就是聰明一時，糊塗一世。

　　矛盾的是，在台灣，聰明一時帶來的快樂，與糊塗一世帶來的代價相比，前者誘人的多了。的確，這次是當事人主動透露，係某陳姓人士挾怨報復才掀起事端；當事人表示，曾邀《亞洲週刊》打賭驚人的一千五百萬以明志，是當事人表情激動，堅決訴諸公堂。嘴裡固然是否認，但在行動上卻一再引導媒體，以保證他們把本案當眞來報導。可見在潛意識裡，人們說不一定以爲，涉及此事挺光榮的，就算是假戲，也可以眞做，如此顯得自己神通廣大，無所不能。

　　為什麼政治人物會如此享受看似損害名譽的事呢？多少是因為台灣人沒有未來感，凡事常靠錢疏通，連自己的身分地位都是買來的，誰能買的多，買的大，就代表誰最有辦法。也因為，過去幾年我們新崛起的政治人物，從來沒在體制內活動過，他們不知天高地厚地撞及所有體制，且個個有成，故只知道如何滲透或顛覆體制，而不了解如何過體制內的生活。

　　比如，修憲時，一定先靠行動上來顛覆體制，再試圖讓大家事後默認；與大陸交往時，一定先用民間的海基會放放獨立主權的口氣，再提出兩個中國論來試探；在內政上，一定先羞辱大老，詆毀重臣，才現身攫取名氣。結果，雖然修憲可以成功，但從此沒人遵循憲法；雖然中華民國可以縮到台灣，但從此沒有人在乎中華民國；雖然重臣大老可以鬥垮，但從此沒人敬愛政府。一時之間，留在體制外反體制，好像比進入體制更威風，致使進入體制者繼續著反體制的行徑。

　　這時我們了解到，用美國觀點來批判自己，是在滿足人們處於體制外的想像；安撫人們叛逆的衝動，證實台灣人被壓迫的悲情。果然，我們打不倒，壓不扁，無孔不入，太棒了。

　　更重要的，已然享受體制內好處的人，不會因為自己創造的反體制文化，使自己成為叛逆的對象，反而還繼續領導人們，找尋新的對象。

　　直覺與理智的衝突，使人幾乎用最興奮的心情，迎接這次醜聞，起碼，台灣不會有人因為此案打從心底覺得羞恥。相反地，在兩岸衝突暫息，廟堂神蹟崩解之際，劉泰英先生卯足全力，大聲否認的凜然之氣，反而幫助我們維繫住了反體制的想像空間，鞏固了我們的自我期待，在宣揚美國式體制與規範的表面下嘲弄他。台灣人硬是要得！

◆兩岸外交休兵緣起話說從頭

　　兩岸外交休兵的主張，首次是在民國 83 年農曆除夕的早晨，由台灣地區的媒體所披露。在此之前，類似的想法，更早曾經在兩岸學、官兩界於海口的一次內部會議中討論過，但後來並沒有任何深入的追蹤工作。過完了農曆新年，台北某報社以聳動的標題，指中共國台辦將依早先台灣學者在海口的建議，正在認真研究外交休戰的可能性，並繪聲繪影，指係台灣學者參與國台辦研究計畫的成果。對此，台北官方曾私下有過短暫反應，透過社會關係為外交部、陸委會與國統會打聽相關訊息。到了民國八十四年，公開鼓吹外交休戰的人稍有增加，但仍屬於有興趣者的片面主張，未曾得到什麼官方的公開反應。

　　政黨方面，在總統選舉期間，候選人陳履安認真考慮以外交休戰為政見，其支持者曾在電視辯論中提出此議，結果引起民進黨第一次公開的回應，當場臨場的反駁是，真要外交休戰的話，對台灣太不公平。選後各黨曾進行檢討反思，在兩次反對黨的一次公開對話中，首次有新黨人士主張外交休戰，但得到的反應仍是負面的，在場者中有民進黨人士認為，當時外交局勢對台灣有利，不但不應該休戰，甚至還應趁勝追擊。其後，新黨黨團召集人又在一次廣播中，提及外交休兵。

　　在 83 年所召開的兩岸海口會議兩週年之際，雙方人馬選在張家港市進行同性質的工作會議。這次，台灣方面已有資深學者呼應外交休兵之議。適逢兩岸正因為外交上的爭議鬧得兵戎相向，媒體上則開始出現一小股關於外交休兵的討論。但一直到 85 年 8 月連副總統密訪烏克蘭返國後，才在記者會上首度表達官方對於外交休兵的立場，他認為外交休兵其實就是北京繼續外交抗爭，而只有台北休兵，故是不能接受的。次日，李總統在國民黨十四大四中全會上重申，務實外交仍將是今後的主要工作，間接而有力地否定外交休兵

的提法。

從早先反對黨的回應，到領導當局近來的談話中，皆可以看出，人們對外交休戰的總體反映，是擔心在外交休戰下，台灣會吃虧；或是台灣片面休兵遭到暗算；或是台灣放棄了原本的外交機會，無法反攻。至此可見，外交休兵不可能只是一個政策行動而已，外交休兵同時也必須是一種心態，對外交休兵之議的支持與反對，說明了人們對自己的信心有多少，對彼岸的認知與情感是什麼，和對未來的期許爲何。

事實上，在官方完全未公開討論外交休兵的情況下，連副總統突然在記者會上反駁外交休兵的主張，在最近一段時期裡，顯示外交休兵已經存在於他的腦海之中。既然社會上公開的討論不多，連院長實無什麼壓力必須在外交休兵的問題上表態，故他的表態透露出，在公衆看不見的場合，他曾經一定程度地暴露在外交休兵的主張之下。但熟悉官場文化的人又都知道，台北的外交暨大陸決策體系頗保守，不太可能在沒有上級指示的條件下，主動探詢新的政治選項。故而可以推論，連副總統對外交休兵的認識，是來自社交的場合，而非決策圈中的管道，而且是最近的事。至此，大致可以確定，若非是連副總統個人在學界的朋友，就是連夫人的朋友中，有人近來不斷地輸入關於外交休戰的想法。既然 83 年的海口會議是外交休兵之議萌芽之地，很可能表示，自海口會議到張家港會議，一脈而來不絕如縷的外交休兵主張，與連副總統的生活圈中，存在著間接的、偶然的一種聯繫，使得在政治上和社會上不流行的意見，突然在全國範圍內成爲一個議題。這個聯繫，應該是沒有參加 83 年海口會議，但卻參加了 85 年張家港會議的資深學者中，有人可以直逼副總統。

其實，連副總統對外交休兵的內容爲何，可能並不清楚，從他的烏克蘭經驗中反省的話，當然會誤以爲外交休兵所指，乃是台北方面片面停止務實外交，再任由中共縮小包圍，將台北的邦交國蠶

食鯨吞而去。這種認識又讓外界理解到，相關決策當局的幕僚，確實從未與高層領導人簡報過任何外交休兵的訊息，因此連副總統才會文不對題地在公開場合，向他那位力諫不懈的朋友，回答一個只知其口號，而不詳其內容的主張。

但這種時空錯置的表態，對於主張兩岸外交休兵的人而言未必是壞事。過去外交與大陸相關決策體系，從來不曾對休兵建議回應過，現在如果再有人向他們講外交休兵，他們就不必再抿嘴撟口，不知所云，而可以若有所據地嚴詞駁斥。既然連副總統已間接交付他們反駁外交休兵任務，則等於迫使他們認真理解什麼是外交休兵，說不一定這一種過程，可以產生腦力激盪的效果。使他們即使口頭上不接受休兵，起碼也可以發揮官場文學的特賣，在不動聲色、不失顏面地前提下，重新檢討台北的外交大方向，與此一方向背後所奠基的情感問題。

由於自外交休兵之議披露至今已超過兩年半，因此有必要重述一下其主要內容，以供相關人員在遵照連副總統指示進行反駁之際，有一個具體的對象，而不會流於情緒上的辯論。說不定也可以藉由這個回顧，讓人們在務實外交與外交休戰之外，能醞釀出另一些較具創意的外交思路，改善兩岸關係。

一言以蔽之，外交休兵是指兩岸停止在國際上互挖牆腳，各自維持目前的邦交國，並容許（甚至協助）對方在自己邦交國成立辦事處。更積極的作法，則是在國際組織參與方面，採併案進退，會籍分立方式，則兩岸必須同進同出，但又各自履行義務，享受權利。一旦外交休兵後，對中共而言，就不再有雙重承認的威脅；對台北而言，也達到擴大國際參與的目的。

今天，連副總統受不了他朋友的壓力，在公開場合上不點名的做出批評，既保護了友誼，又宣示了政策。殊不知他所反應的外交休兵，根本牛頭馬嘴，相信他那位朋友不會就此罷休。而我們原本只是局外多嘴的人，現在也逮到機會，可以就此議題登堂向各相關

單位請益了。連副總統所不知者，乃是他已為自己掀開了潘多拉的盒子，他以後要談外交休兵的場合，可能不減反增，則是他始料非及的了。

第3章　鄧後兩岸關係的出路

◆後鄧時期兩岸間的世代交替

中國大陸的改革總舵手鄧小平仙逝，兩岸關係的行情走向如何，的確耐人尋味。

當前中共中央七位政治局常委當中，佔主要位置的如江澤民、喬石、李鵬、朱鎔基等都不屬於鄧小平那一代的領導人，這些人的領導統御風格明顯地不同於毛澤東、周恩來、鄧小平的一代。政策風格的轉移，將使得台北在處理兩岸交流衍生的議題時，遭遇更多的限制。

第一代領導人的特色，就是見過無數生死攸關的大場面，他們的對手不是超級歷史人物如史達林、蔣介石等，就是超級大國如美、蘇等。他們的決策裡只有民族主義與政治鬥爭，行事富彈性，對於生命的犧牲毫不足惜。

第二代和第三代領導人則不同，他們屬於協助建國的一代，凡事戒慎謹懼，嚴以律己。他們缺乏創意，保守持重，但能守成，又由於處事風格常重技術問題，故多不能在意識型態上高屋建領。鄧小平的退去，象徵第一代領導人的全面交班，第三代領導人顯然沒有在民族主義與意識型態立場上調整的能力，也無法開拓在政策空間上太多的想像餘地。台灣面對的對手將是看似枯燥乏味，但卻忠

於他們自己的一群人。

目前在兩岸關係上追求突破的是台灣方面。大陸的基本政策乃是防止台灣獨立，提昇兩岸交流，則和平統一終將水到渠成。而防台獨的基本面向就是圍堵台灣在國際上獲得政治名義的認可，倘若台灣在外交競爭上無法有所展獲，則鄧小平之後的中共也不會在兩岸關係上有什麼強烈的急迫感。

然而，台北當局潛在的大陸政策時間表已經呼之欲出，早在李總統就任時就發出豪語，要帶領大家回大陸。睽諸過去幾年的發展，李總統極為認真。大陸政策的設計顯然是由內而外的，先建立生命共同體的凝聚力，再向國際社會進展，最後面對大陸。

民國八十年終止動員戡亂時期，八十一年修憲，八十二年成立本土內閣，八十三年外交出擊，八十四年準備打開兩岸僵局，建立新中原，以隨時帶領大家回去、雖然自八十一年以降，上述每一階段的任務均未能完成，如修憲工作迄未結束，且新問題也浮現，本土政權的建立同時受到更本土的民進黨與不以本土作訴求的新黨之挑戰，外交出擊亦未如所期能獲得中共善意回應，達不成「兩岸關係的關鍵年」的期待，但總統堅強的意志仍進一步要將兩岸關係往下一階段推動，從而有了以經貿為主軸的急轉彎政策，俟其無效又有「戒急用忍」的提出。

面對大陸第三代領導人的僵化乏味，台北方面假設一九九四年已經獲得突破而要在一九九五年大舉面向大陸的作法，值得回顧。原本依國統綱領設計，兩岸互信的依據是台北外交空間得以拓展，之後方能進入三通，如今，三通雖然無法逕行繞過國統綱領而獲落實，但境外營運中心案在此一時刻推出，不啻是在完遂原本是由三通來擔任的角色，即創造一種感覺，好像台北是在政治實體地位正被認可的條件下在推動下一波的兩岸交流。

問題是，台北大陸政策的變化多端與花樣翻新，不是面對改革大業已經頭痛萬分，而又呆板務實的第三代領導人所能領略。他們

心裡想的，是李總統親日反華的態度，所以台北的外交動作，都變成了分裂祖國，數典忘祖的卑劣行徑，這就使人們不能對兩岸關係太過樂觀。

台北的領導人，已經是進入第三代的本土領袖，他們與日本的文化淵源不為大陸領袖所體會，所以李總統表達自信，自我表白的日本經驗受到大陸第三代與台灣第一、二代領導人的誤解。這就決定了原本是要帶大家自尊自信回大陸的種種作為，成了小格局的名義之爭。的確，李總統對中國人的理解以及大陸第三代領導人對李總統的理解，都是出於自身經驗而形成的偏差，造成兩岸關係上的情感障礙。

鄧小平在的時候，他可以忍，因為他知道自己掌握得住歷史的潮流，所以一方面以三通四流籠絡台灣人心，另一方面用一國兩制安撫天天擔心自己生活方式會因統一而改變的台灣人，鄧可以等，他甚至不認為台灣問題會是他死後立即浮現檯面的困擾。可是第三代領導人不懂，他們只能從技術上執行一國兩制的要求，而不能大格局地作出妥協，在這個節骨眼上，台灣如果太多花俏的動作，只會使得作慣了帳房的第三代領導人覺得自己丟人難堪而已。

兩岸之間的問題深層，是台灣的中國人不了解與日本有仇的大陸中國人，而他們則不了解與日本有淵源的台灣中國人。這種信任問題不是藉著一些政策上的表態所能扭轉的，甚至政策上的訊息，還會讓充滿成見的對方備感威脅。像台北的參與聯合國運動與亞太營運中心面臨西線一片空白的窘境，也難怪大陸第三代領導人眼花撩亂之餘，竟和台灣一樣，覺得自己備感沮喪，受盡排斥！

最關鍵者，在於不能開誠佈公。大陸領導人不能設計一套台灣參與國際社會的說帖，台灣當局也不能平心靜氣地像中共說出自己的需要。脆弱的第三代人各自生著悶氣。現在李總統不顧一切要將台灣建立成新中原？到底大陸第三代人怎麼解讀，真不得而知，倘若有人能跳脫世俗的爭議，成功地安排兩岸開誠佈公的將事情說個

明白，鄧小平即使過去了，也掀不起台海波濤。

◆從翻天覆地到驚天動地以後

　　毫無疑問，鄧小平是個比毛澤東更務實的領導人物。不過，作為十二億人的大腦，鄧小平又必須有一定程度的頑固，才能展現出令人民放心的智者模樣。所以別看這位人們讚譽為「改革開放總舵手」的人，似乎有些頗為務實的作風，在他三落三起的政治生涯中，我們只能用「頑強」二字來描述。在務實與頑強之間，鄧小平是如何走完他轟轟烈烈的一生呢？

　　別忘了，毛澤東也曾經務實過。他在西安事變時審度大局，能不取當時蔣委員長的性命，任他成為全國引頸跂踵的英雄；抗日當中，毛修正土地改革的步伐，對地主富農進行統戰結盟；八二三炮戰之際，他一看不能成功封鎖金門運補，可以立即叫停；甚至在人們相信他已經進入文革的極端自我膨脹後，毛依舊作到順勢同意為文革降溫。簡單說，毛的政治嗅覺極度敏銳，調適的手段靈活，並且對於短暫的退卻有充分勇氣去面對。

　　同樣地，毛在政治舞台上也有起落。眾所週知，他是在遵義會議之後重新崛起，領導共黨持續四十一年。不過，人民公社運動與生產大躍進運動的挫敗，也迫使毛從一線退居幕後了好一陣子。雖然毛不像鄧那樣戲劇性的大起大落，次數也不那麼頻繁，但毛的超高意識型態標準與對所屬政治效忠的期待，都使自己好幾次陷入沈思，以力謀他個人心中重新崛起的方向，故毛絕絕對對夠稱得上是鄧那個既頑強，又務實的人格典範。

　　如果再理解毛、鄧兩人共享的社會大背景，就更不會因為好像他們政策主張之不同，就輕率地以為他們具備兩種不同類型的政治人格。很多人都提到鄧曾在年輕時，前往法國勤工儉學過一段日子，而毛只有去過俄國，而且待遇形同軟禁，故鄧的國際經驗勝過

毛。但若比較他所共同經歷的歷史事件，所謂赴法勤工儉學的事，恐怕就顯得未免太過於微不足道了：

毛、鄧兩人攜手熬過了共產黨史上悽壯的長征；又同時通過了抗日民族戰爭的考驗；並一起和國民黨打了四年的血戰；而在俄國面前，毛、鄧兩人表現了旁人不及的批判作風。對他們而言，中國革命死幾個人從來不是什麼大不了的事，只要掌握住大方向，作些短時期內的犧牲，根本不算一回事。且看他們政治生涯中交手過的人，包括國民黨的百萬雄師，日本軍國主義，美國帝國主義，蘇聯霸權主義！

所以，當人們習以為常地假設鄧是務實的，毛是激進的，就不清是什麼力量支持鄧進行了近二十年驚天動地的改革開放，一個務實的人為什麼會有如此毅力呢？哪裡想到，支持鄧能驚天動地的心理能量，其實和支持毛大搞翻天覆地的心理能量，源出同一種人格型態，就是一種壓不倒的、難弄的、堅韌的個性。誰得罪了他們都不會好過，厥為一種死不掉的革命人格，而且為達目的，任何損失在所不惜。

此一人格不承認人我之間有何必然的區隔，毛與鄧無時不相信，自己所作所為，均以蒼生為念，甚至偶而需要對百姓施以殘酷的政策時，也都當成是對自己的懲罰。換言之，愛民與殘民之間的界限並不清晰，以致於革命人格與極權人格也僅有抽象而脆弱的區隔。其結果，犧牲人民可被當成為拯救人民的同義字。他們兩人若說有差別，就在於對群眾路線的走法，見解迥異。

毛顯然在政治上棋高一著，所以他動員全民搞大躍進時，鄧也不能阻擋。俟大躍進失敗，鄧趁機回復自留地，以物質誘因動員老百姓，陷入了毛眼中十惡不赦的走資行徑，然而，鄧對俄國人咬死不饒的硬骨作風，是與俄鬥爭不遺餘力的毛也難不動容的。所以毛讓鄧後來又回到了朝廷，在毛身邊；但卻沒多久又被反翻案風的尾巴掃中下台。不過，鄧肯在口頭上向黨中央交心，一旦再回京師，

就輕易地在毛走了之後的權力眞空中，掌握了大權。

鄧的第一件事，就是縱容酷似自留地的包產到戶政策，任之毫無節制的蔓延。蓋在心底的最深層，他要向毛證明，他是對的，毛才是錯的。但他畢竟和毛一樣，心中只容得下工農兵，所以一切變革，都以工農兵的立場出發，所不同於毛者，鄧的工農兵靠利潤獲得了解放，而毛的工農兵則是靠不能當飯吃的道德自覺。除此之外，兩人顯然都對官僚計劃體制沒耐心，都要從工農兵立場來顚覆國家機器。

鄧的工農兵立場比毛的更受工農兵歡迎，因爲鄧給農民生產地，對工人大搞放權讓利，鼓勵軍人自行創收。只是在風格上，鄧和毛一樣地在搞文化大革命。毛是在玩政治權力，用少不更事的紅衛兵炮轟黨中央，鼓勵他們要心狠手辣；鄧是在玩經濟權力，用效率不佳，推銷手段極不規範的鄉鎭企業，大挖國有企業的牆角，鼓勵他們無孔不入，而國有企業的職工，則獲得更大的分紅權利，造成經濟計劃中人的目瞪口呆。改革成了分國家的財產，貪污官倒的溫床，從而釀成民怨，捅出了天安門的大亂子。

但是，鄧的經濟文革具有創造性，所以除了過不了市場關的人坐吃山空外，更大多數的工農兵取得了創收致富的管道，即令這對長遠的經濟成長未必裨益，起碼對死寂多時的計劃體系，有了起死回生的神效。在這一點上，說鄧驚天動地當之無愧，尤其是相較於翻天覆地，只破壞而不建設的毛式政治文革。

然而，倘若經濟文革引發政治動盪，鄧的頑強本性就顯露了；同理，政治求穩倘若窒息了經濟改革，誰也別想逃過鄧的法眼。儘管鄧自己對於經改和政改的關係未必有興趣，甚至對經改怎麼改從沒理解過，他的一句「不改革，就下台」，讓不少人股慄。一言以蔽之，鄧的主觀意志決定了，政治不容動盪，經改不容稍緩，改革理論家口口聲聲的什麼客觀規律所反映的，說穿了正是此一主觀意志。

　　鄧的人格力量在鄧後不能逗留不去，所以，今後改革所引發的種種矛盾，如政改與經改的相互作用，就不再只是主觀意志力的對象了。也許，這是制度化的開始；也許，這是穩定的終結；也許這是不穩定與制度化長期辯證的起點。我們不能預知，因為毛、鄧人格已不長在。

◆台北大陸政策的水龍頭心理

　　鄧小平過世之後，所有兩岸關係的觀察家均預期，台海不會因此出現波濤，這不僅對老百姓是開了顆定心丸，對兩岸領導尤其具有安撫作用。眾所週知，北京處於這個節骨眼，委實無暇在對台政策上有什麼創舉，最好是先將現狀穩定。而台北始終相信，中共近三、五年不致於有大動作，現在既已再確認現狀不會有巨烈變化，就當然機不可失地要在外交上有所作為一番。

　　老百姓雖然心裡希望維持現狀，但卻又感覺，兩岸目前的態勢遲早會變化。問題是，人們不知道會怎麼變，或何時變，所以定期聽到有人告訴自己，現狀尚可維持，乃是必要的心理治療。就像人們聽到水龍頭沒關緊在滴水，令心情焦燥，但又非一直要等下一滴水掉下來不得心安。這個現狀不會變的訊息，就是那下一滴水，隔不久一定仍得找時機再宣告一次，不然又會出現預期恐慌，促使現狀本身在未變之前，就被迫要發生變化。

　　台北高層也是人同此心，所以不斷地試探現狀。這種試探被很多人指為是挑釁，其實在心底深層，台北是害怕現狀有變化的。許多台北的試探動作，在精神層面只是要確定，中共的生氣或沈默，是否仍暗示著現狀尚可持續。但這種試探像是打嗎啡，必須愈作愈過分，才能讓自己對於現狀保有信心。這又像愛情的異化，自己已經不愛對方了，卻不能忍受對方不愛自己，又想氣死對方乾脆分

手，又想讓對方纏著，表示自己魅力猶存。時日一久，氣對方的手段又要加劇，否則這段讓人有痛苦快感的變態愛情，就要結束了，說不定還遭情殉。

果然，在鄧小平喪事尚未開始，總統府就一反中國禮俗，甚至來不及透過黨政運作，就從體制外直接將一份新聞稿交由新聞局發佈。文件特別指出，兩岸從未有過「一個中國」的共識，只有「各自表述」的共識，中共卻破壞了大家可以各自表述的共識，所以今天台北也就只好否定「一個中國」的原則了。接著，台北揭舉了「一個分治的中國」作為爾後大陸政策的原則，正式別離了國統綱領，畢竟，此一綱領做為九○年代初期維持兩岸現狀的階段性任務，已告完成。

早先，台北多次自導自演地透過媒體記者，追問在國際場合開會的中共領導，「一個中國」是否指中華人民共和國，在公開情勢所迫之下，這些人只能表態認可，然後就被台北拿來證明，在國際上中共竟推銷說，「一個中國」即人民共和國！而台北既不能接受人民共和國，當然只好排斥「一個中國」原則了。此番進一步提出「分治」論，正是要觀察在固定中國分裂現狀的前提下，中共會有多麼強烈的反應。如果反應強烈，那好，表示此招真的有效；若反應冷淡，豈不表示北京不把「分治」一詞看成與統一相悖的事，則台北一定得找更新的花樣，看看現狀到底有多堅固。

可見，台海現狀的維持，散發著一種窒息的寧靜，人人似乎都在等待最終的，未知的變化，但每每爭相走告，時間還沒到，別急。如果沒有人通告說時間未到，就會出現預期性恐慌。故避免社會恐慌，平撫焦慮的手段，便是營造刺激性的情境，去試探現狀的穩定性，然後可以再向人們表示一次，時間還沒到。此乃以具體的焦慮化解未知的焦慮，是以毒攻毒的自我治療。

只要大陸突然覺得，現狀的維持代表分裂的固定，台北引頸跂踵的「時間」就到了。不過，北京似乎仍在美國身上下主要工夫，

在台商錢包裡下實際投資，對台北則儘量不理睬，故最多再在總統
府的帳上記一筆。最大的變數，是台北忍不住這種冷對待，變本加
厲要讓北京生氣，以重新確認現狀的界限，則鄧後兩岸關係生變，
仍有潛在的可能。

◆外交部開旅店國防部當保全

　　五十年後的史家也許仍會記得，南非是最後切斷與中華民國邦
交的大國；但難以置信而非要去盡人事的章部長，抵斐一日就老羞
成怒，斷然中止雙邊交流的作風，不論人們如何喝采，都難留歷史
痕跡；至於他返國前夕突然失蹤，引起全部人好奇的比利時之旅，
恐怕連歷史泡沫都吹不起來。

　　人無遠慮，必有近憂。倘政治人物對於五十年後，沒有任何期
待或判斷，當然眼前所有事情的意義，就會顯得很模糊。他們所管
理的社會，因為失去方向，一定也會和上層領導一樣多疑、易怒、
自卑、暴戾，只能靠征服台奸與排斥大陸，來填補心靈的空虛，從
衝突與焦慮中延續生命。

　　真正看見五十年趨勢的是李總統，他體認到人為本位的世界潮
流，宣告地球村時代的來臨，並多次勉勵北京走出舊主權觀。可惜
憲法沒有提供總統干預外交的途徑，使恪遵憲法的人民頭家，沒法
勸阻自己人鑽舊主權觀的牛角尖，不但無由獲得承認，而且五十年
後，這些主權規範全都將湮滅。

　　假如，沒人承認中華民國的主權，則外交與國防兩個主權機
構，就變成了 2130 萬人的旅行社及保全公司。這聽起來很諷刺的笑
話，其實正是台灣人率全球之先，發展地球村社區規範的契機。台
灣成了進出絕對自由的文明匯萃之地，不存在可以被佔領的主權，
這才是真正的出頭天。

對南非報復，向中共報仇，只是在鞏固外交預算，增加學者研究經費，轉移司法機關壓力，昇高社會焦慮，這些把戲別說五十年，每五十分鐘就會換一套角本。

◆兩岸認同外交的延續與異化

兩岸各自的外交定位，近來出現了一些有趣的變化。過去，北京外交活動向來充滿了道德的口號，信誓旦旦謂不搞大國主義，永遠屬於第三世界云云。相對於此，台北自從七〇年代以來提出了彈性外交、國民外交、實質外交，以迄九〇年代甚囂塵上的務實外交，均是以實力爲後盾來拓展對外關係。但自九四之後，台北在外交上的口號，出現了理想化的傾向，喊出以人權、民主爲主軸的訴求，至目前高舉人道外交，似已進入了一個轉捩時期。相反地，此刻北京則益加掀開無我無私的外交表層，開始毫不作態地表現以我爲主的外交心態。

歷來中共領導人的外交定位，都有道德主張相支援，無論是反帝、反霸、反殖，甚或八〇年代中期開始講的和平與發展，起碼都不特別將北京自己的利益標露出來。即令是聽起來以中國爲中心的「獨立自主」口號，或八〇年代末期出現的「國際政治新秩序」等近乎現實主義的提法，都仍然十分含蓄。然而，九〇年代以後，中共在觀念上不提西方慣用的「後冷戰」，而用「冷戰後」，多少意味著要與美國所提「世界新秩序」相抗的味道。北京用以取而代之的，則是有四十年歷史的「和平共處」五原則，且唯一被強調的，竟是主權，故正隱藏變化之端倪。

但在行動上的非道德化，是一直等到在公元 2000 奧運主辦權的競爭上，才出現了北京加入聯合國之後，都不曾使用過的大規模游說活動。但眞正令衆所矚目的外交表現，仍然是九六年兩次利用聯

合國安理會常任理事身份，要求海地與瓜地馬拉降低對台北的交往，以及交換它同意聯合國和平部隊駐該兩國的計劃。這些作風，對於某些熟稔北京道德外交歷史的觀察家而言，一時實在頗難適應。

但對北京來說，從無我到唯我的轉變，仍有其深層的一貫邏輯。質言之，以往北京的道德外交，所針對者，是西方冷戰下不講道義的自私作法；而當下以我為主的定位，則意在顛覆所謂後冷戰世界秩序所隱藏的西方中心偏見。但就像當年道德外交被指為激進瘋狂，目前的聯合國外交也遭評為不理性。只是在北京心底深層，外交上的變化，不變地是在針對西方反華而採的一種反西方回答。

有趣者，台北則逐漸衷情於人道外交的說辭，較早是波灣戰爭期間曾宣稱，要對美國為首的聯合國部隊提供人道援助（但卻不對伊拉克作人道援助），直到外交領導一再表示，應當回饋國際社會，多次將爭取主權地位的活動，包裝成人道支援，從而在九七年初有了人道外交的定位。但人道外交並非全無條件，其主要指標就是台北能否獲得受援國給予尊嚴的地位。

簡單說，人道外交是以人道推動外交，而不是以外交推動人道，故人道是工具，不是目的，但又不能否認在實踐上確有人道的效果。唯倘若北京介入了雙邊關係，人道援助將遭撤銷以示懲罰，則對人道精神又為一大諷刺。此台北人道外交與北京早先道德外交不同之處，蓋北京曾多次為了證明自己無私的誠意，而刻意作出一些實質利益的犧牲。但台北沒有這樣的氣度與規模，可以不在乎對方的實力，所以對大國如美國與日本，總採配合態度，對於弱勢的如南非，則習慣於拿高姿態，因而難免在建立人道外交的形象方面，缺乏信用。但與北京類同之處，則在於看似變遷的台北外交，也有一個深層不變的基調，那就是反抗以北京為主導的外交佈局，爭取在北京之外的獨立地位。

嚴格說，北京的反西方情緒決定了，當前自私的外交作風只是

早年道德外交的異化，原來只是抗拒帝國主義的民族主義立場，正是今天所謂以我為主的獨立自主外交奠基之心理基礎。同樣的，台北反北京的政治立場，迫使它背靠美國，因此而發生的現實主義冷戰外交，在九〇年後異化成了以反華為主軸，並加入了日本後殖民情緒的務實外交。一言以蔽之，民族主義與反華都是集體認同的表現，一般人眼中詭譎多變的外交分合，與政治領導人冠冕堂皇的道德理由，其實終極的根源還是在處理認同危機。明乎此，近來令人不習慣的兩岸外交風格丕變，也就不稀奇了。

◆中共涉入獻金案是何許人物

中共涉入美國政治人物接受非法獻金案，有人憂心忡忡，覺得北京已懂得運用台北專擅的游說活動；有人幸災樂禍，慶祝台灣這下子不再是眾矢之的。我們以為，這種憂心是不必要的，因為中共官方恐怕並不鼓勵這一類的獻金活動；慶祝亦大可不必，畢竟北京不用賄賂所可得到的影響力，仍是台北所望塵莫及。

無論如何，一向道貌岸然的北京外交界，捲進了以利益交換為主軸的游說活動，不能不算是新聞了。不過，細心的觀察家或許已經察覺到，自九〇年代以來，中共外交作風確實有所變化。北京公開進行大規模游說，是肇始於奧運2000的主辦權之爭，最近耳熟能詳者，則是兩度在聯合國安理會杯葛派出安全部隊，第一次旨在懲罰海地，僅止於威脅杯葛，第二次則結實地動用否決權來對付瓜地馬拉，因為這兩國支持台北在聯合國的造勢。

不過，這些悖離道德規範的強勢作風，畢竟仍有其民族主義情緒為基礎，故不能說是完全沒有歷史文化軌跡可循。相形之下，送錢給美國政客這種赤裸裸的作法，真應該在中共自己的外交史上大

書特書一番了。到底是在什麼情境下，中共方面會捲入這種醜聞？實在很難想像，錢其琛乃至於李鵬、江澤民等領導人物，會對是類行徑首肯。理由很簡單，第三代領導人都是四九年之後成長的一輩，辦事規規矩矩，嚴謹老實，政治獻金這種正統文化裡的宵小行徑，並非他們欣賞的政策作風。

問題應當出在目前躍躍欲試，等著接班的這下一代人。下一代人出身於文革，是第一代與第二代領導的後輩。他們不像父叔輩那樣，對於送錢買關係抱著不屑為之的崇高立場，更不像當前第三代領導人只顧守成，事事顧忌，不敢創新或走偏鋒的求穩心態，而是一種叱吒風雲，捨我其誰，但又不知天高地厚的不懼態度。他們是在市場經濟中官倒致富的第一批人；是盱衡全局，大膽改革的副部級領導；是爭權搶利，各據山頭的省級領導；是請命攻台，一心立下戰功的副軍級、少將級軍官。如果說他們之中有人想集資買下白宮，收攬國會山莊，實在不讓人感到訝異。

簡言之，新一代人迫不急待想接班，但顯然不是那麼快可以輪到，浮燥之情與驕慢之心，隨著大陸宏觀局勢看好，與他們自己微觀操縱機會驟增，而日漸溢出現行體制所能滿足，總要做點大事。適逢第三代領導人用精神文明與防腐鬥爭拘束他們，則跑到國外偷賣點武器，介入國際走私，甚至登堂入室向白宮進軍，那其本領豈不反而比毛、周、鄧更為高強？想到這裡，手中握有數十百億人民幣資源，手下勇將強兵、家臣傭人無數的太子黨，怎麼不怦然心動呢？

說穿了，所謂中共涉入獻金案，多半不是政策使然，而是文化大革命的國際併發症，是有人想立功，想謀利，想搞大，打著國家的旗號，誑住了幾個老美，但又弄不清人家的規矩所闖出的紕漏。依此推論，其它場合被誑住的大大小小人物，恐怕少不了老英、老法、老日等等，當然一定也包括小港、小台。要緊張的是，台灣不存在任何近似美國的規矩，如果有一天太子黨念頭打到台灣身上，

靠老美是沒用的。

◆兩岸主體感將靠怨恨來建構

　　來年的兩岸關係有許多變數，包括兩岸外交競爭的態勢、兩岸各自的經濟發展、美國的對華政策等。除此之外，再加上一些其他間接的因素，會影響到兩岸政治衝突能否緩和，與台灣內部的政治整頓會否復燃。面對因此可能產生的不確定性，兩岸領導人最感關切的，大致脫離不了如何維持自己的主體性。在台灣，主體性的內涵，是以抗拒大陸爲主軸，以生命共同體口號爲核心的主權訴求；在大陸，主體意識的鞏固，是靠著民族主義爲基礎，控制分離傾向爲重點的一個中國立場。故在台灣，主體性的追求，就表現成內在淨化的運動與排外的氣氛；在大陸就反映爲向外征服的衝動與封鎖的行爲。這些排外或征服的手段，必定夾雜著情緒上的怨恨，於是就可能刺激外交衝突，阻撓兩岸經濟交流，促成美國介入的條件，從而又加劇人們的不確定感，形成惡性循環。

　　解決兩岸政治人物之間對抗心結的唯一契機，是改變以怨恨爲取向的社會心理治療方法，而用關愛爲前提的集體心態，作爲兩岸政治菁英追求主體感覺的途徑。問題在於，關愛的表現方式是相互提攜，彼此貢獻，則非大力促進兩岸交流不爲功，如此勢必牴觸怨恨成性的政治領導風格。故提倡交流的人，立時會成爲內在怨恨的對象，繼而淪爲奸細之類的可棄可恨的人，於是就嚇阻了任何關愛心之表達，更進一步傷兩岸社會之間的主體意識，引導多數人改採怨恨方式來建構受傷的自尊。在這個劣幣驅逐良幣的環境裡，怨恨瀰漫在社會上，則各種暴戾無恥的行徑叢生，逼迫人們活在孤立猜忌中。

　　外交挫折是引發台灣內部鬥爭的重要動機來源。對於台北大陸決策當局而言，台灣主體性的維持，可以分成兩個層面。在觀念與

意識型態上，強調台灣外於大陸的本土文化與歷史脈絡，營造生命
共同體的信仰；在行動與物質層面，則防止兩岸社會間交流的提
昇，誇示以選舉制度為包裝的主體意志，並強化在外交上獨立的實
體地位。而三者中最好用的，就是在外交上的對抗政策，這種對抗
不同於反三通與選舉之處，在於它在表現時，是以全台灣與全大陸
的衝突為前提，故不論台灣內部的人，是否都支持外交衝突，皆因
此成為大陸的對立面。在官方講求以大陸政策為主軸的理解中，外
交部門應該在需要提昇兩岸衝突時，就配合奉命出擊，破壞兩岸和
解氣氛，方能有效提醒台灣每一個人，大家都被中共打壓了，從而
在共享的怨恨中，鞏固團結。

　　但是，倘若外交戰場上失利了，則因而產生的怨恨會擴大，這
是因為人們雖然短期之內，可以在受挫中互道團結，但長期下來就
不可能不傷害到自尊。如此，內部持異議的人，自然成為遷怒的對
象，不僅使鼓勵以交流化解衝突的可能性降低，更也有可能導致嚴
重的整頓風氣，造成社會不安，引動中共染指的企圖。事實上，當
南非宣布，將與中華民國在九七年底降低關係後不到三小時，就有
國策顧問要求清除外交部內心懷北京的人。換言之，政策失敗的罪
過必須先由對政策曾持三思態度的人承擔，這與歷史上戰敗之君總
是先斬反戰之臣後，才肯求和或走避的作法雷同。因此而形成在思
想上的禁錮，旨在保證政治菁英對內能維持起碼的虛榮。

　　兩岸經濟發展各有不同的命運。顯然大陸總體的經濟趨勢頗為
看好，其綜合經濟生產量將在何年超越美國，已經成為人們猜測評
估的課題。在此種宏觀認識之下，大陸領導人對中國經濟發展的總
體觀察充滿信心，信心使得北京在許多對外交涉上，都願意採取比
較妥協的忍讓態度，而且在必要時也可以擺出強硬的樣子。因為人
們深知，大陸這塊經濟大餅所提供的機會，必須即早掘取，主要是
希望自己品牌的聲譽，不能落後於競爭對手之後，造成起步上的不
平等。這種心態，使大陸可以在其中予取予求，但還有時能作出讓

步狀。在對美的貿易爭議中，北京以既聯合又鬥爭的方式，使自己在保留顏面的情況下，與世界貿易體系更進一步的銜接。讓步的背後必然是一種信心，而信心也是促成讓步的重要心理基礎。

相對於此，經濟環境劣質化，欲振乏力的窘困，使得大陸的商機對台灣充滿了誘惑。大陸在這方面大可以表現得很大方，既歡迎台灣的資本去大陸找尋新的春天，也覬覦因此而產生兩岸融合的效果。但這剛好是台北最恐懼的事。台北的困境有二：一是官方從未參與民間的投資活動，加上投資活動始終是以間接的形式前往大陸，所以官方管制的途徑不多；二是台灣投資意願低落，勞工素質與薪資差距漸大，各種來自黑、白兩道的索求增加大量成本，以及土地取得之不易，均非執政當局所能化解的現象，則游資移往大陸是結構性的流動。故台資赴大陸，既是在貢獻於改革開放，又是在挽回台灣的經濟實力，照理是同時有利於兩岸的事。

不過，資本的交流使得台灣人在大陸有了利潤機會，當然會影響台北領導人所關心的主體性問題。關於台商資匪、賣台的說法，早就耳熟能詳。最近寄望將這種對台商的不滿，昇高到思想層次，故安排了台商自首，坦承因經商不善而淪為替中共蒐集資料的奸細，從而為社會自根本上懷疑台商的忠誠度，作了完全的心理準備。同時，又有關於赴大陸台商，在台關廠減資的統計數字問世，強化了台商根不留台灣的無情面貌。這些動作即使不能喚回已然赴大陸的資本之外，對於嚇阻新近台商則有一定作用。同樣的心態，也說明官方在三通議題上的消極態度，致即令香港回歸之後面臨的直航壓力，還未獲完滿解決，台北仍然寧願犧牲航商利益，以便維繫兩岸之間的分隔，而絲毫不露急態。

中共對美國的態度，決定了其在兩岸問題上的緊張程度。假如美國支持台北的外交，軍售政策，則不僅中共將在核武、人權、智慧財產、關稅等各方面與華盛頓爭執不休，而且還會在對台問題上採取強硬態度。九六年十一月錢其琛在與美國務卿會晤時就表示，

北京認為最關鍵的議題，就是台灣問題，言下之意，已經準備在其它議題上讓步。但北京必須要說服自己，並沒有對帝國主義投降，故只要美國能在台灣問題上表現誠意，就等於幫助北京解答了華盛頓是不是帝國主義的問題。當然，華盛頓在軍售方面不能全面讓步，一來有商業利益可圖，反正美國不賣，法國也會賣；二來美國還有自己的面子問題，蓋國內素有以反華為訴求的鷹派人士虎視眈眈。則中共只能獲得部份的滿足。

可是，華盛頓在對待台北的務實外交方面，大體能與北京達成諒解。華盛頓不少策士意識到，北京的不理性軍事演習，雖然讓人煩惱，但並非無法約束。只要華盛頓不再成為中國民族主義的對象，則中共那種要宣洩的怨怒就不會發作。顯然華府圈中並非人人都持這種看法，不過除非台海再生危機，則反華的與溫和派並不需要在這類議題上重啟爭端。再加上九六年台北慣用的金錢外交，在九七年遭到美國媒體的圍剿，造成形象大壞，使不少人質疑台北到底想要做什麼，難道要把美國拖下水？此所以華府目前以謹慎的態度處理台海爭端，其思路基本上與大陸在短期內具有一致性，即維持現狀。

美國於態度上的轉變，曾在台灣大選之後，迫使台北重新思索台灣的出路。在務實外交行不通之際，台北只有先人為地來防堵台資流向大陸，然後再全力協助柯林頓連任。但由於事與願違，台北在兩岸政治對立中的籌碼近乎殆盡，本來還有一張民主牌可以打，不料內部的官商勾結與黑金醜聞幕幕傳來，令人不忍卒睹，則自詡的民主成就，無論對美國或對大陸，都失去吸引力。既然美國支持台北開拓外交空間的努力不再，恐怕日後訴諸幕後金錢商務關係的傾向更濃。鑒於台灣在美的獻金行為已曝光，則幕後活動效果將遭折扣。則對於台北而言，是近乎窒息的打擊，從而將資源轉向日本與歐洲的可能大增。日本人比美國更怕成為中國民族主義的對象，則歐洲作為九七年台北務實外交的重點，迫不遠矣。同時，連串的

外交挫折，大概也會掀起另一波內部整肅，波及範圍恐難逆料。

　　台灣問題是北京眼中關乎反帝國主義的核心，台灣與大陸不統一，中國人就自覺一天抬不起頭來。所以，北京不能接受台灣有人不想作中國人的現象，因此而否定了中國的主體完整。這裡的反應很直截了當，就是加以征服收回，心中猶抱著對帝國主義的恨，並把希望投射在未來民族母體的茁壯上。好在外交方面，北京取得優勢；經濟上信心日濃；對美關係又有進展；如此在兩岸關係採大動作的心情也獲緩和。但台北當然就倍感沮喪，對於大陸愈收愈緊的網，正被迫認識，自己恐難以排斥大陸各種力量的影響。數百年來的歷史，讓台灣的人不相信有人可以愛自己，這種悲情在九六年下半，一再受到肯認。則將外在敵人投射到內部異議分子身上，加以打擊清除，將是所剩唯一證明自己仍可排斥大陸能力之途。

　　假如有一天，北京能學會用照顧台灣人的心情關愛之，任他放縱，則台灣人可以從被愛當中走出悲情，重建自己的主體信心，對大陸自然不必再非排斥不可。同理，倘若台北不再排斥中國，則北京那種被切割顛覆的恐懼也可治癒。這既是要求北京要貢獻於台北進入國際的願望，也是要求台北積極參與改革大潮的建設。透過貢獻而產生的主體意識，要遠比藉由征服或排斥所建立的主體意識健康得多，因為那是在人與人相互幫助的心情下達成的。當然，人們會說，這不實際，誰先開始關愛呢？會不會反而被自己人當成奸細而整肅呢？這些問題可能沒有令人滿意的答案。不過起碼人們已經知道，兩岸之間不是非要傷筋動骨不得善終不可，這種悲慘的結局是我們恨出來的，也就怪不得遭天懲了。

◆口蹄疫事件暴露的殖民心態

　　口蹄疫肆虐台灣，農政單位之所以判斷錯誤以至未能即時處理，其實是受到兩岸關係的影響，其中所暴露出的，乃是台灣人對

大陸的殖民主義心態，值得細說。

口蹄疫是一種「傳染病」，傳染病的特色在於病菌是附著於人體（或畜體），隨其到處移動而向四方擴散，具有不可圍堵的穿透性，故必須及時處理，即早下藥。但假如人們錯以「地方病」視之，認為只要將病原圍堵在該地即可控制疫情，則難免在處理上就失去時效。

農政官員指稱，要杜絕此病的方法是嚴格查禁自大陸的走私，這個說法的前提是，口蹄疫為一種出現在中國大陸的地方病。關於地方病的假設是，病菌是附著於特定環境的，而不是附著於人體的，換言之，台灣沒有口蹄疫病菌的生長環境！則根本處理之道當然就不是下藥，而以斷其來台之渠道為宜。

台灣將口蹄疫看作中國地方病的說辭，覆頌了早期西方殖民主義者的習慣，即每在殖民地遇到不熟悉的病疫時，就在觀念上將之定位成地方病，而地方病學（又稱熱帶病學）最終極的辦法，乃是將病人送回殖民地，厥為圍堵。不可避免的是，熱帶病學含有深層的文明優劣順序含義：

首先，熱帶病學假設，殖民地的人比較能承受地方病的病菌，其體能想必更接近原始，故文明上也就顯得相對落後，其次，熱帶病學要醫療的主要對象是母國人，因其文明先進，才會在原始病菌前頗為脆弱；最後，維持母國與殖民地的區隔，就是最主要的防疫手段。

前殖民母國後來在初逢愛滋病時，也曾有過地方病模式的思路，竟謂愛滋病是特定族群間的地方病，此處同志族群被比擬為與外隔絕的社區，故防疫之道在避免與彼等發生性關係，亦即圍堵。如此，在觀念上，同志團體就成為近乎原始的低等族群。不過，後來發現假設錯誤，認知到愛滋病是可以附著於任何人體流竄的傳染病，不是什麼地方病，這才開始大量研發新藥，但卻已形成今日駟馬難追之勢。

　　熱帶病學另一項重大錯誤，就是沒看見真正造成傳染擴大的，是到處移動的母國人體，而不是靜滯不動的當地人體。事實上，傳聞當年美洲印第安人不敵歐洲移民原因之一，正是擋不住歐洲移民帶入的病菌。的確，殖民地人原本未邀請母國人前來殖民，是母國人基於經濟需要進出當地，而淪為傳媒。

　　但是，自詡先進文明的地區，每遇傳染病，便怪罪是外來的原始病菌惹禍，從而遷延時日至不可收拾之際，才驚覺要對症下藥。等下次又出現疫情，卻還重蹈覆轍，主要就是先進情結作祟。

　　台灣在處理愛滋病時，也出現自以為文明高尚的心態，總覺得是非洲病菌被帶到美國，再由美國被帶來台灣，忘記了愛滋病不是附著於特定族群的地方病，而是隨人體移動的傳染病，現在不用靠美國，愛滋病帶原者無所不在地存在台灣。

　　口蹄疫又復如此。台灣人相信自己文明地位高過大陸，因此在口蹄疫的相關發言中，有意無意又將之定位為中國地方病，固然口頭上再佔了大陸一次便宜，但遷延時日所付出的代價幾何？厲聲指責農政官員的立委，可知自己過去貶抑中國大陸，營建兩岸文明優劣之印象，難辭其咎？又是哪個優等文明在利用大陸資源自肥，而無意中作了口蹄疫病媒？

　　兩岸關係常被視為會污染本土文化（如媽祖進香團），混淆國家效忠（如台商），這些論點背後隱藏的關乎文明優劣的假設，與口蹄疫一事上官員口中不經意反映的心態，如出一轍。這是衛生部門要檢討的，但或許是大陸政策部門可以竊喜的。

◆香港認同消失的藝術及啓發

港英政府日前企圖以立法方式，來保護香港人民在九七回歸之後的言論自由。這並非表示港英當局認爲爲中共會照章接受，但起碼提出了一個標準，使人們能在日後檢證，中共的作風距離英國所尊敬的文明國家，相距多遠。

港英政府的此項行動，反映了因爲香港回歸所製造的各種焦慮。對倫敦而言，這番撤離香港不同於過去扶植殖民地獨立，因爲大英帝國的指導身份，首度無法在退出殖民地的同時建立，旣不能忍受自己就此消失於一百五十年的歷史之後，從而希望留下一些明確的胎記，即使中共日後將之切除，起碼可以凸顯中共的野蠻。

但香港人民不能用這種自我犧牲的方式，來維護自尊，可是壓力卻一樣地大。在八二年香港決定回歸之際，香港人突然意識到自己在政治上，有一個別於港英政府的獨立認同。問題是，新獲得的主體認同，首先要處理的，竟是怎樣使這個認同在九七年之後消失！

自我消失是一門痛苦的藝術。有的人乾脆守緊民族主義，拒絕承認自己有過這一段對於英國與中國的親中派是在這種心情之下崛起。相對的，另有其他社會菁英極度珍惜主體感覺，而希望在制度上延續之，於是出現了民主派。兩派的激盪，反映了也延續了要處理的消失問題。

台灣有人嘲弄親中派的投機與民主派的可悲，這種喪失同情能力的現象，其實說明台灣社會深層的恐懼，因爲在九七之後有一天，台灣說不定也要面對消失的問題。當前台灣社會的認同爭議，正就是在心理上培養人們面對此一困境，其所造成的衝擊在九七之後將更驚人。

台灣不同於香港者，是英國殖民政府沒有在香港進行皇民化教育，也沒有香港人爲英王作戰；內戰以來，香港不是反共的前哨；

冷戰中，香港並未在政治、經濟、文化、社會上一面倒向超強集團。今天許多台灣的菁英不僅敵視，甚至鄙視大陸，則台灣的人在處理消失的認同時，情緒難免澎湃，而且必欲建構主體性而後已的需要，自會強過於回歸於民族母體的情感。

台灣進行的務實外交，各種選舉、釋憲與修憲的動員活動，只是港英政府早先打的國際牌與民主牌的擴大。馬關條約之後的台灣歷史，蘊釀了我們在面對大陸時的主體感覺，為了維繫它而進行在政治上的對抗，並抵制社會間的交流，便成為台北大陸政策的主軸。

困擾的是，台北的香港政策夾在兩種壓力之間，一種是要維繫香港相對於大陸的主體性，以能成為兩岸之間的緩衝；另一種是疏離於九七回歸之外作旁觀者，以免捲入中國認同的範圍之內。其結果，我們希望香港人反共，但拒絕提供任何協助；既想維持港、台關係，又想鼓動政府隨時切斷這種關係。

好在多數香港人比較在意的是大陸，不是台灣，所以看到台北的進退兩難，多數不至於感到憤怒。倒是台灣應該很可以從香港人身上學到一些處世態度：一言以蔽之，主體性的建立，是看誰能夠對別人，尤其是與自己在文化上最親近的中國人，作出生活中的貢獻，而不是看自己能不能把大陸人加以區隔排斥。故我們可以不同意香港人所選擇的貢獻方式，但很難認定香港政治認同的消失，就也是香港人主體性的消失。

◆香港另起爐灶台北心術不正

香港臨時立法會日前以聞所未聞的方式選舉產生，引起西方觀察家一片質疑。港督彭定康已經表達堅決不支持的態度，香港民主派此番也以不參選作為抵制。不過，民主派不同於美歐評論家之處

在於，他們深知俟來年臨立會任期告終之際，自己仍可捲土從來，再度經由選戰重返立法局。所以，西方要的是香港立即採行西方式的民主，不能稍候，也不能打折，而民主派則顯然有長期奮鬥的打算，這就是民主派作為異議的中國人，與西方總是恐懼中國人，兩者之間在心態下的極大差別。

臨立會的出現，肇因於中英雙方對於基本法與九七過渡方案有歧見，而早先港督意圖以一連串的片面行動創造既成事實，終於引發中方捨近求遠，另起爐灶的火氣。北京的態度已然篤定，既然英方無顧於九七之後香港必將脫離港督管轄，不容英方再行置喙的民族主義立場，則另起爐灶之法，無疑是懲治殘留帝國主義習性，展現中方意志的最佳手段。

北京雖然羞辱倫敦的情緒濃烈，但頗能審慎將事，在其設計的特殊過渡程序上，透露了中國人所理解的民主所指為何。不論是九七特任長官或臨立會的選舉，都經由只有菁英參與，但又包括兩層過濾的方式進行。外界譏之為自己人選自己人雖非妄語，但並未能切中要害。中國人的民主不必執意擴大選舉，而是要保證，選舉人與候選人看到選舉程序的複雜後，體認自己的使命神聖，從而不敢心存危害。故即令直接參與的範圍相對受限，但無人預期此一作業方式，會引進台灣所詬病的黑道治國現象。可見，西式選舉核心的能力與資源，在拔擢臨立會時不是最主要考量，立場溫和與政治品行才是重點。這種選舉的目的乃是推崇賢良公正，當然，在資本主義民主潮流之下，能圇到一群不致私心為惡的代議士，就該心滿意足了。

尤其，臨立會只是臨時組織，其菁英主導的特色將在未來立法局改選時緩和。事實上，臨立會中的親中派是現任末代立法局中親中派的延續。臨立會成員倘若有意再連任，自不會在將來短短一年任期中表現得脫離民意。北京敢於不顧西方民主觀察家的叫罵，逕自另起爐灶，多少與北京高官相信，一年之後一旦新的立法局恢復

直選，港人回憶起來想必不會責怪祖國。這種較長遠的歷史盤算，西方自欠體會，倒是民主派有所心理準備，故在臨立會選出當天，就表示將等待這一天的到來。

台北近年來在憲制上三番兩次地繞過體制搞另起爐灶，和北京在香港的另起爐灶法相比，恐怕心術不正得多。儘管大家都是由上到下地發動支持，操縱民意，台北的終點卻不像北京那樣是要在一年之後，還政於民選立法局，而是要將權力更加集中於代議士所不能管轄的機關身上。台北嚮往這種開明專制式的新權威主義，嚴格說比北京只求平穩過渡的臨時爐灶，要更接近中國傳統政治文化；但北京繁複而奇特的選舉程序所追求的賢人政治理想，則又比台北以民粹口號護送黑金立委進場的實踐，更貼近中國傳統政治道德的要求。台北與香港的差異，大概就是前者不知自己的行為是道地中國式的，香港則已對自己的中國影響透徹自覺，則兩者在另起爐灶背後心術迥異，便不足為怪了。

◆族群中國的認同與效忠困境

當台灣各界力圖化解圍繞二二八事件的族群衝突之際，大陸官方也大量進行境內狀況日益複雜的民族思想工作。有人或許認為，台灣的族群與大陸少數民族是兩個不同的範疇，其實在現代國家體制之下，問題的本質具有共通性。

現代國家領袖最大的挑戰，就是如何將過去對宗族、宗教團體的歸屬感，轉移成對國家的效忠，此五族共和、新民論、新中國、人民民主專政、新台灣人、主權在民之類概念提出的動機。當年中山先生知道困難，乾脆在觀念上將既存的社會人情脈絡，說成是中國國家獨具的良好基礎。不過在實踐上，即至今日，這種良好基礎的作用仍還有很大侷限。

當效忠不能轉移至國家，中國的領袖必然產生焦慮，蓋中國建國不成，勢將繼續為泰西諸國所恥笑。他們情急之中有時惱羞成怒而訴諸強制力，在一統國家，振興民族的大前提下，似乎還理直氣壯。但西洋觀察家對強迫式的效忠嗤之以鼻，指為違反公民權利，只是以中國的歷史文化情境觀之，欲求境內族群成員以個別公民身份表達效忠，不啻緣木求魚。

中國人尚未備及西式公民文化，不過當面臨西方的責難時，卻啞吧吃黃連不敢招認，以免換來對中國人落伍之譏評，因而必須尋求適當理論，說明境內族群政策的正當性。中共的理論是，一切壓迫均來自於統治階級對生產工具的壟斷，社會主義國家採公有制，不存在壓迫階級，故民族矛盾並不具根本性，則少數民族沒有獨立的需要。如出現是類需要，必有帝國主義煽風點火。另一方面，既然資本主義之內有壓迫階級，其下少數民族如波多黎各理當尋求獨立。

在台灣弭平二二八事件的主流思潮中，也強調台灣內部不再有族群問題。或謂過去十年，外來南京政權終於將權力全部釋出，這種族群間的權力重分配，孕育出了台灣自己的一個國家社會，所有人不分族群都已認同台灣。但外在統一中國的壓力，使對大陸懷有原鄉情結的人受蠱惑，故族群政策的重點，不應再是涉及已正常化的族群間權力關係，而在化解少數族群對大陸的原鄉情結。相反的，中共因為建不成中國的國家社會，故其下新疆、西藏的獨立訴求應予承認。

綜合觀之，在中國人的圈子中，凡站在國家立場的人，都不承認境內有族群問題。如有，就理解為外來干預造成的，否則豈不暴露國家效忠殘缺的窘境？這對於亟思以國家之名振興民族的北京大員，和以國家之名告別悲情的台北領導，都構成最深層的顛覆。不過，這種顛覆激發的優勢族群回應，在兩岸表現得不同。台灣的族群政策是文鬥，大陸則不時出現武鬥，畢竟大陸的民族問題比諸台

灣的族群問題更棘手,其理由至少有五。

首先,少數民族在宗教、語言、教育各方面與優勢漢族都有差異,故漢化政策推行不易。其次,多半少數民族地區生活相對貧困,現代化政策有瓶頸。再其次,西方對大陸少數民族充滿不切實際的期盼,以回應於西方自己對原始風情的綺麗幻想。第四,不論是上述漢化、現代化、西化或少數民族自己熟悉的邏輯,都不能準確表達他們身處亂世的感覺,焦慮之情頗難疏導。最後,大陸的民族問題是西方各國關注的焦點,而台灣的族群問題只有大陸關心,在西方主導的國際媒體下,大陸的面子壓力比台灣大得多。

族群問題是西方國家體制傳來中國之後出現的觀念挑戰。過去皇帝不要求個人的積極效忠,只要能消極的不犯忌諱即可。近百年來學得西方國家體制的中國領導人,心知肚明中國人不是西方式的主動積極公民,卻不敢面對這個事實,反而還揠苗助長地營建表面上的國家模樣,不知自己停留在牴觸公民文化價值的思維中,甚至在看到其他中國人的族群問題時,還用雙重標準加以訕笑,掩飾自己困於族群問題的尷尬。

以中國人自己的文化標準反省國家體制,用符合中國社會人情的方式處理族群問題,不僅不可恥,而且必要。但今天中國人卻恥於此,釀成中國人自相殘殺,這也許是西方將國家體制推銷到中國時,始料非及得最大收穫吧。

◆宋楚瑜與汪道涵爲何要躲藏

當前宋楚瑜省長請辭,執政黨企圖以人情慰留,但他正是由於廢省案決策過程忽略人情,才萌生辭意;若要以選民有所託付爲由挽留亦欠充分,畢竟他如何能在省民託付下,推動讓省民身份根本消失的政策呢?倘以長久保留他中常委一職利誘恐難取信,蓋省長

本人過去多次勤王，正是循此先承諾後翻案之途徑剷除政敵。唯一辦法，就是藉助道德壓力，使宋堅辭之舉看來不仁不義。

面對台灣去的立法委員，汪道涵日前仍拒開辜汪會議，台北想動之以民族感情談何容易，因為北京已將當局定位成東瀛人；若要以和平務實為由相勸亦難，畢竟北京不能同意在和平口號下，容許兩岸分裂現狀無限期固定？倘以三通或政治談判相誘卻又缺乏信用，蓋過去多次接觸之所以功敗垂成，皆因台北總是臨時提出新要求。唯一辦法，就是藉助道德壓力，使汪迄今拒談之舉看來不仁不義。

一般誤以為道德壓力來自於大量的宣傳，故在請辭一事上製造宋省長已經動搖、執政黨對省府員工後路已表示願意負責、所有黨工都殷切期盼省長歸來的印象，故除非宋突然另有私心，豈有正當理由不肯回頭？在辜汪會談方面，則營建大陸上出現鴿派已經知錯、台灣願意將大陸想談的問題都排上議程、台灣對重開會談沒有任何條件的印象，故除非北京有鷹派想借題發揮向江澤民奪權，否則有什麼正當理由不開二次辜汪會談？

為人忽略者，是從事宣傳的人本身的信用有問題。假如宋堅信過去黨內鬥爭模式已根深蒂固，則留在體系內的結局是作法自斃，必遭漸漸孤立、失寵，難保名聲與地位。假如汪道涵堅信台北有種哄哄騙騙、漸行漸遠的心態，則重開辜汪會談恐怕使未來衝突更大，反而更非傷筋動骨不可。宣傳的人沒信用的話，就只好對旁觀的人下功夫，爭取同情。今天的問題在於，旁觀的人也覺得宣傳的人沒信用，所以反而同情宋的人還不少，相信中共其實無意於武力犯台的也在激增。

由於台北當局享有宣傳上的優勢，宋與汪只好對之走避，結果粉飾太平的造勢活動顯得虛而不實。這恰恰是台灣整體的困境：人人說經濟很成熟，但私下偷偷都想出走投資；個個誇讚社會多元繁榮，但無不擔心小偷、強盜、縱火；上頭說外交形式大好，下頭都

不願意再去碰釘子。一方面每個人都要防，另一方面每一刻都儘量撈。人若不信任別人，則就不會在意別人的感受，必對檯面上轟轟烈烈的宣傳形成顛覆，這將更迫使人們靠造勢掩飾空虛，致道德宣傳益加無效。

宋楚瑜的堅辭，說明他的經驗與智慧已差可比擬汪道涵，他們躲來躲去，是怕受到傷害，這種上下階層對外在社會共通的不信任，也說明近來李總統提倡的心靈改革，是看到問題所在的對症下藥。希望心靈改革能讓人們擁抱執政黨，挽回宋省長，並促成辜、汪的會商。

◆九七年台商問題的眞眞假假

咸信台商造成政治問題一籮筐，但舉其中犖犖大者不外有二，一是將資金流往大陸，造成根不留台灣，害得本地產業空洞化；二是會形成對大陸的依賴，提供大陸對台灣經濟制裁的途徑。幾乎所有反對兩岸交流的人，都把這兩點當成琅琅上口的金科玉律。

可是，假如這些台商根都不在台灣，跑到大陸去紮新的根，那麼大陸對他們進行經濟制裁的話，就不可對台灣帶來什麼經濟壓力，反而還害到大陸自己的經濟發展，相反地，假如經濟制裁眞的讓台灣吃不消的話，就表示台商的根還在台灣，不在大陸。

反台商和反交流的人應該先想好，到底不要說台商已經台灣無根了，不能又指責他無根，又怪他提高中共制裁台灣的能力。除非我們要辯稱，中共可以區分哪些台商根台灣，哪些沒留，然後專門針對根留台灣的那些人，進行必要時候的經濟制裁。但顯然這超過了任何政府所可能擁有的管理能量。

換言之，反對交流的人是爲了反對而反對，但卻講成冠冕堂皇是什麼台灣優先，所以提出的對策就很好笑：有的想直接說服商人

讓他們別去；有的逮捕一些台商說他們是匪諜；有的企圖用毀約或干預內部人事的手段逼退；有的引導他們前往文化各政治上的陌生地帶。

這些作法全部違悖了台灣自以為之所以強過大陸的各種理由，質言之，及市場自由、財產自由、政治自由等等理念，使得台灣優先的口號，變成要靠對自己的貶傷才能凸顯。於是乎，台灣優先的內涵就淪為自恨自戕。

台商造成的真正問題有兩層，第一層關乎台商自身。一言以蔽之，就是台商對倫理的挑戰，這就涉及兩性關係與家庭倫理；另外是台商對大陸勞動者的權益漠視，這就涉及利益與社會倫理。很多台商有嫖妓、搞一國兩妻、包秘書、包秘書、虐待員工等情事。眾所週知。這種上凌下、強欺弱的行徑，實在反應了台人內心的空虛。

第二層關乎台北的台商政策，一方面讓台商在政治看來叛逆，使他們在兩岸都沒有地位，才會出現這種對大陸女性與工人的暴發作風，亦即靠錢來換取別人的臣服與尊嚴；另一方面，又不協助完成通學、通航，使得台商家庭不能依親移住，則在大陸缺乏家庭溫暖的台商，其手段傾向暴戾也無可厚非。

台北政壇紛紛擾擾爭吵的台商問題，是反對交流的人製造的假問題，因為這些假問題而形成的倫理親情的凋敝，卻是活生生的真問題。但人們卻都不敢關心真問題，因為這樣會暴露出政府沈溺於假問題中，反而會害到自己成為反交流勢力的對象，遭到自恨自戕情緒的投射。

值心靈改革之甚囂塵上，但願高層能在經濟上完全放手，在社會文化上加以配合，給予台商一種光榮的開發使命與地位，讓他們自覺眾所矚目，再用社會倫常相期許，則台商的心情必然轉趨自愛自重，方可挽回台商於經濟暴發戶的情感裡，拯救反交流勢力於政治暴發戶的迷戀中。

◆台北大陸政策共識後的內幕

多少年來，台北官方與學官兩棲的教授都在鼓吹一個觀念，就是希望能凝聚國人的共識。年前召開的國家發展會議，也是遵循著這種思路。但從新黨退出國發會，到王永慶透露台塑仍衷情於漳州電廠投資案，都引起人們交相指責為出賣台灣人民，致有政府委託之研究報告疾呼「攘外必先安定」，使得質疑當前大陸政策缺乏內容，想要積極主動促進交流的人，產生一股提頭來見的不寒而慄。最近兩岸之間的有關直航報導甚囂塵上，雖然嚴格說，此番推動的直航並非直航，而是在兩岸立案的航商，派遣在某外國註冊的船隻，從事國際航運來回大陸的轉接業務，但由於大陸的堅持，必須是中國人經營的船隊才能經營此一航線，就使得此種通航在實質上只能是中國人之間的互動，對於台灣企圖以轉運、外籍、進港掛旗等手續，來創造兩岸關係即國際關係的印象，不無顛覆的作用。

偏偏航商這種汲汲的心態，繼續給予凝聚共識的台北當局甚大的壓力。這個壓力的來源有二，一是直航的講法使兩岸之間各為主體的區隔政策，看來益加模糊，對於台商有鼓勵的作用，則所共識就更難凝聚了；二是航商之中不乏層峰之好友也不便於有太多的紀律性行動，畢竟除了商人想要在政界有良好的人脈關係之外，政界也不宜將包台塑、長榮、統一、陽明等等金脈銀礦通通疏離。則在航運界之外進行對共識工程挽救的需要，也就難免有了更上升的勢頭。

創造共識的步驟有四。首先，人們必須對於兩岸基本定位做一些立場表態；其次，根據這個表態來界定外在敵人，使得共識成為一種生存的必須；再其次，在台灣內部選定內在敵人以便使共識的凝聚工程，永遠停在一個將完成而猶未完成的階段，從而警惕民心；最後，依上述的各項定位挑選代理人，該動員的動員、該對抗的對抗、該整肅的整肅。

可以想見，下半年台北的大陸政策將有相當精力是對內的。我們預估，會有週期性的民意調查，問老百姓贊不贊成在沒有尊嚴的情況下推動三通？台灣進入聯合國是否正當？對大陸的偷渡客有無反感？之類的問題、之類的答案，藉用民主形式的民意表達，來充實所謂共識的內涵，再從共識中理所當然看出大陸是台灣的敵人。比較敏感的是如何選擇內敵，過去像台商、聯合報、新黨、中國時報，若干民間社團都輪流被選中過，一旦階段性的主要敵人擇定，其它人為求避禍，當然接受裹脅加以韃伐，上焉者噤聲不語，下焉者落井下石。

既然名之為共識，這些動員當然不適合由官方發動，好在民間主動配合者確有一些，他們有的懷抱著相當程度的理想，認真地相信台灣不走出中國是沒有前途的；其它人則抱著交易的心態，想著這次我幫你，下次你在掃黑掃金的時候可得掩護我。至於更廣大的，本土的民間，除了當然贊成應該有共識之外，對於共識的內容到底是什麼，恐怕因為生活和工作與此關聯較少，會常常因時因地而有所不同，這種看似搖擺的特性，決定了他們只會支持共識，不會加入共識。

可見，所謂的共識也不是真的共識，其前提是把大陸當成假想敵。表面上，共識是可以搞獨立、促統、維持現狀，不一而足，然而「攘外安內」之論既出，則共識的大方向就只能是防止統一，此何以官方分析中，穩定的大陸會對台灣不利，動亂的大陸也對台灣威脅，則拒絕加入防統行列的，就容易成為安內的對象。縱容安內政策的民眾，不自覺就成防統的工具，對台北而言，他們是擁蔓，但對北京來，說不定是他們為共犯，則他們就更不可能加入共識的行列了。

既然在台灣內部對於共識的形式不會有意見，真正能威脅共識的就是中共；一個是加大壓力，讓台灣人民懷疑政府，這招已經試過，短期有些效果，不過後來反而有助反大陸的共識工程；另外一

個就是對台灣示好，日以繼夜，讓台灣人也和大陸的人產生共識，不過至今看不出北京有這種氣度。所以，到目前為止，北京對台北的共識工程是間接有貢獻的。

這就是台北大陸政策的共識內幕。

◆香港回歸對中國文化的挑戰

香港回歸一直被當成一個政治問題（如有關選舉、人權、駐軍等議題），經濟問題（如投資、轉口、繁榮等問題），或偶爾是社會問題（如移民、人蛇）來處理，鮮有視之為文化問題者，畢竟回祖國理當解決了香港人的文化困境，致此脫離了殖民統治。但是，香港文化發展的大方向其實並未真正釐清，其就根本乃在於文化現象較諸制度安排更深層，不是簡單地用「一國兩制」或「五十年不變」就可以打發的。香港回歸之所以為人所大書特書，就是因為港人終於回到母體文化的懷抱；但果真如此的話，那在文化回歸上大談「一國兩制」，說什麼「井水不犯河水」，是不是就牴觸了回歸之所以值得慶祝的初衷呢？香港人的文化到底要經由回歸，還是藉著隔絕，才能像經濟或政治一樣的平穩過渡續保繁榮呢？

香港文化在面對九七時，其中許多人的耽心似乎是，回歸之後的創作空間，會受到政治的影響而不能為所欲為。相對於此，北京大員憂慮的，則好像恰恰相反，即香港會不當地將西方文化傳到大陸，成為精神污染的來源；只有少數地方如上海，尚存著迎戰的心情，認為香港回歸剛好讓上海可與之正面交手，看看誰才有資格擔任中國東方明珠的美稱。換言之，總體的心情是猶豫的，這不論在香港或大陸均復如此，而一國兩制正好依順著此一心情，它看來既可以給香港藝文界保留一些自我的空間，又提供北京將香港的藝文產品滯留在香港的機制。但一國兩制在文化政策上的謬誤恰恰在

於，第一，文化是跨疆界的，難道跨不了一國兩制的人為疆界嗎？
第二，香港文化回歸是歸往英國嗎？

　　香港在九七之後繼續受到英國文化的影響勢不可免，嚴格說，
以香港目前國際化的程度來看，香港藝文界在世界藝文市場上其實
前途不可限量。值得觀察者，是香港的藝文作品是要滿足什麼人的
口味。這個問題可能是身在中南海政壇的人騰不出什麼時間來關心
的，可是其結果一定影響到他們，而且一定不是他們所樂見。在國
際藝文界長期以來將中國看成一個綺麗風情的女性化對象，透過細
膩的筆鋒、鏡頭、色彩製造一個幻覺的，可供愛撫的中國，早已是
文學批判家眼中令人不安的趨勢下，香港文化的選擇不由自主地就
涉及文明定位之爭。這時回過頭看過去數十年香港殖民政府的文化
政策時，才不由得不令人人恍然大悟，英國作為老牌的殖民母國，
的確有套不著痕跡的政策。

　　簡單地說，港英的文化政策是「沒有政策」，所謂沒有政策並
不是反諷它思慮不及於此，蓋沒有政策是一種有意識的政策選擇，
與此相配合的則是能與國際藝文思潮、風格相接軌的若干硬體設
施。港府因而間接地鼓勵一種以藝文創作家個人情感為核心，以國
際藝文批評家為聽眾的作品，這種作品靠著近三十年來香港社會浮
現的中產階級消費者而取得地位。然而，在這種風格下表現的關乎
中國的藝文作品，就與中國人自己的文化關懷難免有些出入。中國
人的情感是內斂的、婉約的，因應集體生活的情境而表現成公與
私、國家大義與兒女私情的糾纏，因而多屬於角色間的徘徊拿捏。
而西方藝文設與消費聽眾所孕育的，則是具有獨立個性或思想的主
角，如何克服環境障礙的故事。

　　用西方藝文手法來處理中國人的故事，鏡頭的焦距就從長到
短，不再是一個個人物往往來於某個穩定的社會文化脈絡，找尋適
當的定位，而是一個力求表現自我的不幸的人，受到環境的壓迫。
前者的情感是依附在大的背景脈絡裡面；後者的情感有完全獨立於

大背景的個人基礎。其結果，大背景成了負面的因素，中國主角成了被犧牲的對象，從而博得觀眾的同情，蓋觀眾是在自由主義之下培養出來，以個人主體性為前提的西方人。舉例來說，以蘇東坡跟大江東去為主題的故事，中國觀眾感動於大江之勢與蘇軾融於天地的浩然之氣；西方觀眾恐怕要追問蘇軾的個人際遇，並拍攝他面部表情的抽搐、淚水。他們對於蘇軾的言行要求一個理性的詮釋，而且要站在他自己的立場發言。

中國主角不得不被女性化，因為他們千篇一律地是不能完整表達自己、依附性高、不理地自我犧牲、臣服傾向濃的人。女性主角在這種關乎中國人的描述中常佔主要的位置，強化了女性化的效果。如此中國本身也就隨之進入西方性化中國的工程。一方面中國是幕後的、背景中的壓迫者，但其間的靜態、被動性、原始性又是奇風異俗的好題材。香港本身就是一個象徵奇風異俗的女性形象，香港回歸強化了香港在國際上代表中國的信用，也就確認了西方將中國女性化的傾向；其次，香港藝文界人士熟稔國際化的藝文風潮，且比西方藝術家更能掌握關於中國故事的脈絡，由他們來執行女性化工程最為駕輕就熟。

這時候我們應能逐漸認識到中國聽眾（或觀眾）對香港藝文界的重要性。倘若中南海要將香港的文化作品隔離在大陸之外，等於是強迫藝文界面向國際，則香港藝文界只有兩種選擇，一種是完全站在個人主義的創作風潮中，忘記自己是香港人或中國人，就變成一個國際上有特殊個性的創作者。但這點的要求太高，能達此境界的人不可能很多，而且奮鬥過程中又必須疏離於自己母體文化之外，因此往往產生後殖民社會的典型心態，即一方面受到前殖民母國主流的認可，則另一方面就必須渺視本土文化的工作者，來彌補空虛，假裝自己已能如母國社會中的人一樣對待自己的國人。另一種選擇，則是仍然藉重中國的故事，協助西方滿足關於女性中國的想像。

　　但是，只要香港藝文工作者能以中國聽衆爲對象，則就必須謹慎地觀察、體會中國人的情感，發展出能滿足中國人文化想像的作品。以當前香港與國際藝文界的綿密交流關係來看，香港頗爲適合成爲向世界傳播中國式藝文產品的基地，他們可能率先混合長短鏡頭的哲學，或體會出一些具有特色的藝文方法，則對於香港在整個世界藝文界的地位，也將賦予新的界定，即不再是世界將中國女性化的工具，而是將西方藝文的自由主義哲學輸入中國，提供中國觀衆新的感動機制，並將關於中國人的文化情感，以西方能夠並認眞揣摩的手法，介紹給世界的一個文明橋樑。依此定位，香港的文化回歸，等於讓香港成爲中、西之間最活潑、最開放的一個藝文實驗場。

　　以一國兩制作爲理解香港文化回歸的起點是不足的，處理的不好，反而使香港藝文界成爲斷絕中、西文明的所在，則辜負了香港人作了一百五十年的殖民臣子，更辜負了人民大舉慶祝九七的來臨。中國人擔心的殖民主義以不同的形式入侵中國，則如何呵護港人以其特殊的文明位置，使能有信心吸收中國的歷史文化氣息，才是正途。倘若一味懷疑香港的後殖民心態，無意強迫港人停留在後殖民心態中對待中國。今天的發展正是如此，北京對香港的文化產品有戒心，故香港人擔心北京意圖干預介入，那香港藝文界與中國聽衆難免漸行漸遠，如此形成惡性循環，旣非香港之福，亦非中國人全體之幸，設計一國兩制的回歸工作者，能不戒愼恐懼，謹愼將事？

第4章　腦筋急轉的創意政策

◆無外交關係的台灣生存之道

　　兩岸外交競爭下，只要失去一個邦交國，人們就覺得非要拉一個回來。但總的形勢不利於台北，致用邦交國來衡量自己的主體性，往往引起大家的焦慮。而事實上，我們早就熟悉如何由邦交之外，從事與世界各地的交流。在這種彈性調適的能力下，邦交之爭純屬滿足尊嚴感而已。但由於外交形勢比人強，從而造成我們踟躕徘徊，徒然喪失自尊的怨恨。

　　或有人認為，邦交關乎國家安全，只要我們不斷在世界上定期造勢，起碼可以贏得同情，寄望在與大陸發生軍事衝突時，總有人願意出面主持公道。前此這類外交活動，確曾讓彼岸坐立難安，昇高衝突，但因而更加深此間認定中共害怕台北的國際出擊，而欲進一步爭取外在生存空間，以維爾後之安全。唯理同前述者，是外交形勢既已東流濤盡，則一旦偶見與國之悖離，反而使人誤生國家安全堪虞的印象。

　　兩件事值得深思。其一是，台北何以執意選擇有利於中共的外交議題為戰場？作為短期應急，此計固可藉由對抗凝聚向心力，移轉對於黑金暴力的不滿，但顯非長遠可行之正途。其二是，世界潮流正不斷衝擊、顛覆舊而僵化的主權觀，此刻仍全力提昇將為世所

淘汰的主權身份，無論花費與成效，終將得不償失。台北至今猶視
雙重承認爲至高利益，並不符合人情所需。

　　試想，台北處在全無外交承認的極端假設裡。一方面，台灣依
舊與各地維持千絲萬縷的交往，設立各種名義的民間辦事機構。由
於不再在主權世界從事活動，外交與國防兩部都民間化了，台灣只
存在服務性質的公共事務部門，而無可以承諾或讓渡主權的機關，
中共若要討論統一問題，亦無適當對象。另一方面，全盤民間化的
結果，台灣將成爲絕對自由化的地區，與全球往來皆無拘無束，這
當然包括與大陸的九通（郵、商、航、學、婚、遊、水、資、勞）。

　　中共要談統一，請和其他號稱擁有主權的團體談，談得結果於
台灣無礙，蓋台灣在彼等地區之機構屬民間，早已超越主權世界。
於是乎，台灣結合了香港的自由市、瑞士的中立國、芬蘭的禦鄰術
等旣有智慧：有香港九洲通渠之便利，而無殖民政府之統治；有瑞
士和平中立之雅緻，而無主權身份之矯飾；有芬蘭處理巨鄰之理
性，而無血緣文化之隔膜。臨此旣不揭舉，又不抵觸一國兩制之定
位，統派或恐此係獨立之先聲，獨派或譏此爲主體之喪鐘。殊不知
主權已矣！統獨已矣！

　　當然，中共內部也許有保留意見。但他何必來佔領那個推動九
通，沒搞獨立的台灣？必要時，在外交、國防上省下的鉅額預算，
可用以聘雇大陸沿岸解放軍，來管理制度外的海峽流動人口，追緝
海盜，保護漁民。更理想的是，台灣試著實踐歐洲先進民防思想，
對於不當統治（黑道、苛政、無能等）採人民爲主體的不合作模
式，旣能懲治違反公序良俗者，又可嚇阻黷武侵佔者。至此，兩岸
之間已無主權爭議，台灣人的生存空間無限擴大，成爲文明薈萃之
地。

　　目前，台灣人的安全感，依附在守衛不住，彰顯不了的主權身
份，與因在此遭打壓而扭曲的主體意識中。倘若，主體的內容不必
是主權，而可以是人，主體感的落實不必靠外交承認，而可以靠生

活質，則台灣人就能在情感上擺脫自卑，在認知上享受生活。這種實踐，說不定會讓未來史家讚歎爲歷史的開端。

◆除了不搞對抗還要培養人情

鄧後兩岸關係的關鍵一如過去，在於人，但重點稍有轉移，其理有二：一是中國大陸的世代交替，使兩岸領導人在情感上的默契更加淡薄；另一是大陸的決策風格，也將隨之逐漸轉型。這兩個因素，將深刻影響未來兩岸交往的宏觀氣氛。

以江澤民爲首的第三代領導人，是屬於「建國」的一代，當以鄧小平爲象徵的「開國」一代退出歷史舞台之後，他們必須自己當頭主持家務。但彼等守成持重的規矩作風，和已經無所不在地進入領導者階層，虎視眈眈等待接班的「文革」一代人相比，穩重得多，這在對台政策上也不例外。

文革這一代人行事比較欠缺規範，但氣派極大，手段也狠，咸信前此台海危機中持強硬立場者，以這一代人居多。他們是開國一代的後輩，對作爲建國一代的家臣總管，多少有些瞧不上眼。鄧的過世解除了他們的顧忌，將浮燥的情緒必在四處宣洩，兩岸關係想當然耳是一個主要的對象，因此難免在對台政策上，催化出更有彈性，但也可能更不確定的手段，造成時而大鬆，時而大緊的起伏。

相對於此，剛好台灣人民始終就缺乏確定感，多數人隱約都預期，兩岸的現狀終將改變，但卻不知道何時變，怎麼變，故大家隨時都需要聽到有人告訴自己，目前現狀尚可以維持。所以像鄧過世之後，雖然所有觀察家都分析現狀不致於有變化，照說如此一致的意見下，怎麼還會有人有興趣進行討論？其實這個矛盾反映人們對不確定未來的焦慮，才會不斷要自我覆頌，「還沒變，還沒變」。

這個焦慮的更深層，關乎台灣與大陸之間的定位。連日來，台

北官方的反應很西方，很科學，總喜歡把大陸當成一個外在對象來
觀察，如此表達了自己外於中國的主體感。但西方領袖爲了現實利
益，都對鄧小平大講好話，這點台北又不便仿效。可是台北也有示
好的需要，其結果就變成一連串的和平高調，但又爲了避免看起來
在討好，就又不得不表現成冷冰冰的慰問。

剛好大陸上的文革一代，也感覺不出在抽象的民族主義，遙遠
的商機實益之外，對台灣的領導階層有什麼發乎內心的情感。這個
心理條件，加上台北尋求外於中國的主體性要求，使將來兩岸相互
激盪出更大的猜忌，更快的疏離，益發成爲可能。而在此一趨勢之
下，台灣內部一統意志的動員，也會隨之昇高，則將大權歸諸一個
共同領導，已能與大陸相對立的政治安排，就會在台北政局激起不
穩定的波濤。

針對上述趨勢的調整方向，是設法培養兩岸領導人相互之間的
情感默契，使雙方彼此看待時，沒有一種要去對付外人的感覺，則
大家遇事可以抱著商量的態度。台北可以做的，首先是避免一種站
在中國外面靜觀其變，事非關己的態度；所以其次，應該細膩地整
理出台灣人在大陸的發展機運，加以規劃推動，不再打游擊亂投
資；其次，要營建文革一代的各單位領導人與台灣各界具體的交流
管道；最後，要對過去一廂情願地認定大陸會亂的分析角度，用更
豐富的視野加以補充。如此方能以參與的心情在鄧小平起動的改革
思路中，起積極的作用。

優化兩岸領導人之間的情感交流，並建立大家是自己人的默契
乃是穩定兩岸關係，消弭文革一代的不規範風格，平撫此岸人民焦
慮的必要條件。只有在人情脈絡裡的兩岸關係，才可能用兩岸中國
人都懂、都會的方式加以處理。

◆中國要像林肯一樣處理內戰

　　美國慶祝林肯總統二月十二日的生日，台北的林肯學社有一次特別在二月例會邀請當時美國在台協會的貝霖先生，以林肯的老同鄉身份發表紀念性的演說。貝先生讚揚林肯解放奴隸固爲人知，但他更稱讚林肯是個偉大的調解人。此言頗能發人深思，值得海峽彼岸領導人一聞究竟。

　　時人常感嘆中國民主至今不能大備，在於缺少了像美國華盛頓總統一般的人物，致不能有效地建立制度，接受監督，再飄然隱退，樹立典範。其實，中國豈只缺乏能對憲政奉行不渝的政治家？掙扎在內戰烙印中的苦難中國，更需要一位像林肯這樣調解的人，來超渡所有在中原戰場上陣亡的英雄，分擔他們家屬的傷悲。

　　美國在一八六一年內戰爆發，持續了四年，歷時較中國內戰爲久，交戰雙方決裂程度甚於中國。當時，南方七州脫離聯邦自成獨立國家，兄弟反目成仇。然而，美國癒合內戰創痛的能力，似乎遠比中國人高明，林肯總統在他的就職演說中，眼見勝利在望，呼籲國人不可因內戰而惡意相向，要哀矜毋喜，療傷止痛，重建和平的家園。

　　雖然林肯總統不久之後遇刺，未能親身領導美國復建，而且史家也的確針對美國國會不曾全然體會林肯總統的深意，批評國會所採取的若干措施，使得內戰傷痛的癒合延長到半世紀以上，然而揆諸當代南方各州內戰英雄之紀念碑處處可見，不僅南方民眾前往默念，北方人民無不一體感懷，未分彼此，彷彿內戰之幽靈，是勝敗雙方共同承受的傷痛，可見當時戰勝的北方知道，自己亦是歷史的敗方，諒難歡騰慶功。

　　與中國相較，林肯總統的遺風睥睨。中國內戰甫一結束即見天安門的建國歡呼，至今仍透過傳播媒體，一再繞樑，深恐人民不再沈澱於往昔的刹那榮耀中。四十餘年之後，在中國大陸誇耀內戰勝

利的書籍、戲劇、口號仍然俯拾皆是，不知情者恐怕以為，國民黨是在一九九七年才剛敗退台灣的，當年戰敗者說不定也以為自己仍是戰犯！

兩岸隔絕近五十年依然敵意難消，惡念猶存，恐怕不能不歸罪中國人要在歷史上用勝者全勝，敗者全敗的態度，自我炫耀。林肯的風範，能讓不同種族、宗教與歷史背景的人融成一體，這點使他的當代同鄉貝霖最為感佩，也是讓必分勝負而後已的中國政治人物，最要汗顏之處。

林肯特別重視常人的教育，不是因為他要灌輸政治上當愛當恨的符號，因為歷史創痛之下沒有勝利的一方。林肯的教育，是要替分裂的國家凝聚出一個未來的憧憬，更要協助人們去完成生活當中想要的目標。這個心態，至今不能在兩岸關係中浮現出來。中國人似乎不能沒有敵人，唯在敵意之中才能打擊叛逆，征勦匪惡，從而感受自己。

中共官方必須體認，假如內戰是個值得誇耀的歷史胎記，大陸人民永遠不能真誠地體會台灣中國人的心情。畢竟，人們何必去了解罪惡失敗的一方呢？難怪中南海領導人以為用「一國兩制」就可以買通台灣人心！原來他們不知道台灣人除了物質生活方式不變之外，也有可能需要精神的尊嚴。

中國內戰要真正的結束，不是靠北京嘴上說自己贏了，而是要它承認自己輸了。兩岸都是輸家，這才可能彼此提攜。否則，台商去大陸剝削、販黃也心無所愧，反正大陸終究是贏家，我何必自取其辱要作戰敗的國民，替它著想？

北京要先證明，台灣人對大陸可以有貢獻，大陸人對台灣也可以有貢獻，中國內戰才算要結束。一個不必了解台灣人的北京，和一個不想了解大陸的台北，只能相互強加己意，而不能相互體恤，內戰的火花，隨時還可以復燃。

民主制度至今沒有解決美國社會的公平問題，種族、宗教與階

級的紛爭不斷，但是美國人在前提上彼此接受，相互尊重，這比兩岸之間蔑視與羞辱的情緒成熟得多。今天，誰要想結束中國內戰，誰就得學學林肯總統，知道自己其實是輸家。

◆文化復興與本土化不牴觸了

在台灣的中國人無疑繼承了中華文化，但是中華文化的內容博大精深，單純的說今天台灣的發展代表了中華文化在廿世紀所結出的一顆果實，恐怕既不能說明什麼是中華文化，也不能點出台灣的發展究竟有何特色。

但是關於中華文化的課題，從一開始就是台灣政壇的敏感問題。一直到今天，談論中華文化的人始終不能避免這個題目的政治含意。比如說，當一九六〇年代，台灣發起文化復興運動時，主要想回應的，是當時大陸上正在進行得如火如荼的文化大革命。在當時天真的想法裡，可能以為用文化復興運動可以證明台灣才是中國人的正統，以此作為號召，吸引大陸上受到文革之害的人，起而歡迎中國國民黨反攻大陸。

今天，文化復興仍然具有高度的政治性，主要原因是台灣政壇上的氣氛，講求的是除舊佈新，而文化復興運動聽起來像是一個復古的運動。台灣政壇有人鼓吹脫離中國，讓台灣成為一個獨立的國家，為了達成這個目的，當然就希望塑建只屬於台灣而不屬於中國的新文化。在這樣的政治背景之下，任何談論復興中華文化的人，不論他們的動機是多麼的單純，都有稀釋或混淆台灣新文化的作用，因此也就成為政治上主張中國統一的人可以援引為支持的力量。這是為什麼大陸上文化大革命已經結束了十多年，而中華文化四個字在台灣仍然是政治意涵十分深刻的詞。

與文化復興相對的觀念是本土化。本土化是一種對台灣本土發

展關懷的一種表現。這種關懷本可以出乎至誠，但由於有轉移文化復興運動的效果，所以向來在政治上成爲受到壓抑的主張。這種早期的壓仰，使得今天談論本土化的人，不可避免地有在政治上爲早年受到排斥的台灣鄉土作品翻案的意味。所以，本土化本是要引導人們去關心自己身邊的一磚一瓦一草一木，但卻成爲政治人物建構的台灣新文化所最可以用來作爲證據的寶庫。

本土化運動與文化復興運動，雖然在政治上爲不同的陣營所引用，但他們之間卻有一個共通點，這個共通點則似乎部分說明了這兩個文化運動所享有的中華文化背景。一言以蔽之，他們都是在處理集體與個體之間的矛盾，而且都傾向將集體利益置於個體利益之上。

比如說，文化復興運動非常重視倫理，除了傳統所講的五倫、即君臣、父子、夫婦、兄弟、朋友之外，還特別加上一個第六倫。所謂第六倫，就是如何處理現代化之後所發生的人與周遭陌生社會之間的關係，也就是一般日常生活當中人們所說的公德心的培養。最近幾年，曾有另一種提法；就是所謂的「新新生活運動」。早年新生活運動要求人們生活軍事化，過簡單樸素的生活，今天社會風氣腐化，金迷紙醉，所以又提倡的新生活運動，提醒人們自己的社會義務，懷有集體意識，不要爲了個人一時的享樂，浪費社會資源，破壞社會倫理，從而摧毀社會得以長遠發展的凝聚力與勤儉心。

又比如說，本土化運動雖是在提醒人們呵護自己生活周遭的點點滴滴，但仍指出其根本的動機是在認同這塊土地，追求一種愛鄉意識，希望能增加對台灣鄉土和社會的認同感。這裡也蘊涵了集體主義的因子，所以台灣的人才會對「台灣無史」感到傷心，對於不知這塊土地曾發生過的事件和人物而感到空虛。換言之，本土化運動雖然是從生活周遭出發，但絕不僅止於生活周遭，否則如何能剋服人們心中的孤寂與感傷。所以，本土化的終極訴求，是希望人人

都從生活周遭出發，然後發掘其它與我有相同生活經驗，能夠體會我生命中酸甜苦辣的人，彼此認同，相互關懷。

由此觀之，文化復興運動是從一個已知的集體出發，要鞏固強化那個好像正要漸漸散去的文化傳統。而本土化運動則是向一個未知的集體前進，要找到一個集體能讓自己歸屬。

上面這個共通的對集體主義的追求，與相異的追求對象，決定了這兩個文化運動之間的對話有其先天的困難。簡單的說，文化復興運動把文化與集體認同的建立，當成了一個歷史時間方面的問題；而本土化運動則把集體認同的凝聚，看成了一個地理空間上的問題。文化復興運動要從過去的經驗中，找尋人類邁向未來時所可依循的準則；本土化運動則是在人類當下立即的經驗中，找尋自己的定位，所以只是在歷史的橫斷面上的活動。

人們倘若在空間上替自己所歸屬的集體定位，一定就是否定了歷史的意義。因為如果人們歸屬於哪一個歷史脈絡，哪一個文化模式，或哪一種民族意識是關鍵的話，則我今天生活在什麼地方就不會具有絕對的意義。而本土化運動顯然假設，我生活在什麼地方，要比我信什麼宗教，屬於什麼民族更能貼切的反映我生命的價值與生存的意義，所以才會用生活的空間，作為我找尋集體認同的當然範圍。

台灣今天之所以會發展出這種以地理空間作為文化根基的運動，其實也與中華民族的歷史脫離不了關係。人們早就知道，今天在台灣居住的人，泰半是由福建沿海移民而來的。而福建居民是早年北宋南移，宋朝沒落貴族的後代。所以他們是從中原向南，一路移往海外的，有的還繼續向海洋而行，定居今天的東南亞。這個移民的路徑，是背對中原的，說明了今天台灣人的祖先，幾乎不少是當年中原戰敗者的後代，他們來自中原，但又對中原充滿了不信任；他們不願意與中原切斷關係，但又沒有與中原對抗的信心；他們關心中原的政治，但自己絕不親身參與。

　　是一直到了日本殖民統治之後，這種對中原敬而遠之的哀怨心態才稍微改變。日本對台灣的統治給予台灣人一種先進的感覺，他們也開始學會歧視支那人，認為中國人是落後的。二次大戰期間有皇民化運動，而戰爭也徹底使一部分台灣兵幡然改造，效忠天皇，他們為數十餘萬，不可謂不是一支有影響的文化力量。

　　二次大戰之後，國民黨退來台灣，原本是帶進了第一批在中原失利的政治難民，然而戰後四十餘年的發展，似乎印證了二次戰前遺留的印象，即台灣的經濟遠超過大陸的平均水平，則戰前那種視大陸為落後退化地區的感覺，又浮現了出來。

　　本土化運動則反映了這股情緒，它說明了台灣人想建構一個超越中國的新文化。地理空間作為文化發展的基點，切斷了人們必須從歷史、宗教、文化與民族方面找尋集體認同的根據，用地理空間來定義人們的集體認同，則可以將台灣之內與台灣之外作出兩分。台灣之內象徵先進的，發展的，海洋的新文化；而台灣之外，也就是大陸之內，則代表落後的，混亂的，黃土的舊文化。

　　然而，本土化運動在兩方面卻超越不了中華文化當中的一些根性。首先，如前所述，本土化運動與中華文化復興運動一樣地是重視集體，輕乎個體。其次，更重要的，本土化運動之根源是在對中原的反動，也就是在表述中原南移的政治受難者對中原的不信任。這種不信任並不是因為這批政治受難者不了解中原。恰恰相反，他們正是中原出走的，而且對中原文化的吸引力及劣根性均甚熟稔。他們對中原疏離是基於不喜歡中原。

　　面對這種因為背對中原而孕育出來的台灣本土化運動，很難藉由中華文化復興運動去對抗。畢竟，中華文化復興運動只不過是比較心向中原的人所設計發展的，加上中華文化復興運動本身過於政治化，難免對於本土化運動曾經產生了許多不當的壓制。況且，本土化運動造就了不少成功的作家，戲曲家，甚至在今天的台灣政壇所進行的本土化，曾都引進不少公共政策的人才。這些本土化運動

所帶來的種種成果，與本土化運動的深層動機，一樣值得重視。

　　但也不能否認，本土化運動潛藏這種以地理空間替台灣人集體認同定位的傾向，限制了本土化運動未來繼續從事創造的空間。文化的發展需要各種不同的刺激，仰賴相異現象之間的融合。對自己的認識，不能只限於在自己生活周遭找尋相同命運的人，就滿足得了的。一個文化運動，必須在時間上溯及歷史，如此才知道自己之所以來；也必須在空間上廣泛接觸，如此才知道自己也具有一些與世共存的人性，當然也就更能體會本土生活經驗中哪些才是真正的特性。

　　今天，台灣的本土化運動家之中，已經有人認識到了這個問題，因此開始重新思索「本土化」這三個字的意義。比如說，在進行社會科學本土化的努力之中，有一群心理學家發現西方心理學研究方法，不能說明許多中國人的心理現象，如「孝」、「怨」、「成就」等，因此有必要發展一套本土心理學。但是本土心理學並不排斥西方，當然更不必排斥中華文化，因此在與大陸心理學家接觸時，本土心理學可以延展成「華人心理學」。於是乎台灣的本土心理學，經由中華文化地區的華人心理學，再到以世界為範圍的人類心理學，形成了不必相互排斥的階層關係。人類心理學的發現不能否認華人有其特殊心理過程，而華人心理學歷史不能據以提出否定本土心理學的特殊現象。

　　兩岸關係大通以來，使得中華文化復興運動與本土化運動之間的爭議淡化。台灣重新與中原文化直接接觸的結果，使得中原文化不必再假手高度政治化的中華文化復興運動才能進入台灣，而本土化運動更不必再向中華文化復興運動已散去不存的政治壓迫反彈。如此一來，本土化運動獲得了跨越地理空間的比較機會，這個機會使它得以發現自己與中原文化的共通點，則就不得不認識到兩岸共有的歷史文化根。這個發現，將修正本土化運動基於地理空間所曾孕育的排它性，則本土化運動對台灣人生活周遭事物的特徵關切，

極有可能再為中華文化的廿一世紀，走出新的花蕾。

◆台灣人要到大陸去民主參選

　　台灣地方政治人物經常大出鋒頭，一會兒收鎮長稅，一會兒發動公民投票。有人說這不算民主政治，因為既沒有法治觀念，又缺乏全局思考，充其量只是地方利益的偏激表現罷了。但也有人認為，民主政治的精髓，就在於人們願意自發地參與決策，西方國家為治療政治冷感而不遺餘力，我們豈能為地方人物表現熱情而煩惱？

　　今天在台灣出現這種奇特的地方政治發展，或多或少與我們地方自治制度不健全，地方自治觀念尚未形成有關。但地方政治人物積極而勇猛的作風，令人不得不相信，人們對於自己社區相關的事務，仍能抱著熱心與關切的態度，才使得地方政治人物有了當前這種激進發揮的舞台。此何以一位最近來台參加中、美大陸問題研討會的專家，在觀察了兩岸的政治現象之後，發人深省地說，所有政治都是地方政治 (all politics is local politics)。

　　台海此岸的人也許不服氣，認為大陸的地方自治或地方政治，豈能與民主化的台灣相比？其實，大陸的民主改革恰是由地方政治開始著手。地方的人民代表大會是透過差額選舉產生的，而且地方人代對於地方政府的人事、預算都有決定權，並且可以撤銷地方政府的行政命令。民主化的重點之一，在於人大代表選舉的候選人如何產生？一般而言，這是一個複雜冗長的協商過程，黨的影響力很重要，但已無法全面主控，何況人們倘若對被提名的人全部不滿，還可以在「另選他人」的空白欄填上自己屬意的人，這對黨政領導構成很大的壓力，也是改革者所樂見。

　　中共人民代表大會代表選舉提名原則是「三上三下」：

◇先由黨中央決定全國在性別、民族、黨派、職業等各方面的比例，交給地方。
◇地方透過各地的選民小組，蒐集第一波候選人名單，選民十人以上即可提名，各黨派與社會團體也可以提名，選委會不准刪減，故人數超過候選名額數十位。
◇選民小組代表集會，討論候選人名單，再帶回小組，許多人撤回提名，名單縮減大半。
◇第二輪討論時，繼續就潛在候選名單上的人進行討論，再送回小組，自行撤回。
◇第三輪討論時往往最激烈，由選民小組彼此協商。如果協商不成，由小組進行假投票，確定最後候選名單。

這個制度的優點如下：

◇黨有時可以不直接介入提名，雖有運作，但屬間接；
◇提名的協商方式，自然造成候選人中較大部份是來自中共黨員；
◇所有提名的撤回，由選民小組自動自發，壓力不全來自黨部，而來自其它選民小組；
◇候選人不可能代表利益團體，因為皆是各地、各團體的選民小組經冗長協商完成；
◇民主程序得以保留，因為最後妥協不成時，要進行假投票；而待候選人產生後，也不保證最後一定當選。

簡言之，候選人只可能代表集體利益，而不可能代表少數私人利益。就算大陸地方政治有民主化的趨勢，與台灣人有何相干呢？依照大陸的選舉法規，台胞在大陸居留期間可以參與選舉。選民十人可以提名候選人，所以台胞可以成為各級人大的候選人。這個對於台商是有意義的，台商集資聚居之處，如果超過一定人數（家庭與職工），可以透過協商要求選舉委員會劃成單獨選區，成立選民

小組，選出區人大。這不是神話，而是於法有據。中共方面對此政策立場並不明確，但想必不會持堅決反對立場。而且，城市裡的區人大是全大陸民主政治之根本。

在台灣，地方政治人物苦無正當管道，只好走偏鋒。但台灣人這種積極打拼的地方精神在大陸則有正當參與途徑。台商若能組織起來，則可以成為兩岸政治文化交流的合法起點，也對於大陸正在進行的民主改革起一些正面的作用，值得兩岸領導人認真考慮。

◆中共也能參與台灣公民投票

眾所周知，中共對於台灣只關心一件事，那就是台灣會不會搞獨立。許多跡象都讓北京憂心忡忡。比如說，在國際上台北又要進行渡假外交，又推動加入聯合國的運動；在兩岸之間則只談分裂，甚至利用千島湖船難事件大肆作出敵意宣傳。公民投票法的審議將是最新的證據。

北京直覺認為台北在進行獨立建國的活動，但北京又不便直說，恐怕將事情推往流血的極端。起碼，在香港九七回歸之前，北京並不想造成兩岸軍事大對抗。所以，它警告台北，不論「花樣如何翻新」，絕不容許分裂祖國，它這麼說是想暗示台北，渡假外交就是搞台獨，為了大家不要撕破臉，所以不明說，希望台北自制。

台北各界會錯了意，以為北京不談「反台獨」，只反「花樣翻新」，是顯示北京立場軟化了。有人甚至擔心，台灣方面也隨之放鬆戒備，反而中了統戰圈套。朝野在此有相當共識，因而都儘量掌握兩岸之間的偶發事件，向民眾進行機會教育，深化敵意認知；對內則凝聚共同體意識，像加速研擬公民投票法即是在滿足這種需要。

自八十二年年底以來，大陸的台灣學界就密切注意公投法的進

程，然而關切之中流露出深刻的無力感，因為他們既不希望看到公投法的通過，又不知如何使力來阻止之，故多方面一再地透過台灣學界，傳達他們的憂慮，望能使公投法暫緩，以免兩岸之間的對決提早來臨。

了解台灣政情者均應知道，雖然公民投票法的審議與統獨爭議關係密切，但絕不僅僅是統獨問題而已，它同時反映了積鬱待發的民氣，也象徵了對金權政治反彈的需要。公民投票的制度當有助於社會在統獨問題之外的政策上，也起一些牽制的作用。

正因為大陸只關切台獨的可能性，故傾向對公投法的審議作出全盤否定的評估，從而強化了公投統獨問題上的意義。再加上北京已近乎認定台北當局企圖分裂祖國，更讓中南海的殺伐氣氛濃烈起來。

關鍵在於兩岸的心態。台北的人頗難理解大陸的民族主義情緒，總是想要將北京的測探與示好當成自己的勝利；北京更難體會台灣人民的生活關切，偏偏要把社會發洩與政治分裂形成聯想。其結果，大陸喊打的鷹派與台灣嚷獨的鷹派各自開拓了發展的空間。

這兩種鷹派都期待著公民投票法會成為邁向台灣獨立的敲門磚，彼岸以此來取得行動的口實，此岸則以之完遂生命共同體最終的建構；前者是壓迫性的民族主義，後者是偏狹的自我膨脹，他們之間恰是一種零和對抗。

眼見公投法的審議要將兩岸雙贏的呼籲消耗殆盡，吾人曾挑戰大陸學者，能否想出什麼可能，使大陸在公投法的議程中，扮演比較積極參與的角色，懷抱著貢獻佐贊的態度，但換來的若非難以置信的表情，即是手足無措的尷尬。顯然，大陸上很少有人相信公投法不全是台獨的工具，也沒有人願意與之沾上邊。

大陸禁不起的挑戰，台灣能承受嗎？一言以蔽之，台北的策士與政治人物，有沒有一種胸襟，在公投法的內容上，設計出一些機制使大陸上的人也有一定的管道，從事某種程度的參與，消弭他們

那種等待判刑的疑懼，轉而成為興緻勃勃的圈內人？

公投法的草擬者或可試圖表達，此法的宗旨並不必是排斥大陸，還要歡迎大陸的參與，使大陸也有機會發展出一種可以從台灣人角度看問題的眼界。準此提出幾點建議，為兩岸之間的統獨休戰創造條件：

◇公投法草擬過程中我方應赴大陸，或透過海協會、人大、政協等多種協商管道，徵詢大陸各界的意見，進行座談，說明複雜的背景與立場。

◇同意一種程序，使得當大陸各界認為公投法議題關乎其切身利害時，有一特定管道來表達其意見，向台灣人民進行公開且可管制的游說。

◇給予大陸台籍人士（如人大代表、民盟）向台灣民眾提出公投法投票議題的優惠權利，提案對象可以是地方政府，也可以是全台灣地區，視議題種類而定。

◇請大陸根據台灣的公投法經驗，廣泛徵詢香港、澳門民眾之意見，在這兩地實行的一國兩制基本法中，加入公民投票的設計，使公投法的政治意義淡化，地方自治的訴求突出。

上述這些主張有六個好處。首先，公投法不再是以排斥大陸或中共為訴求；相反地，大陸的看法在制度上是受到歡迎的。其次，當大陸上取得了表達意見的機會時，便有誘因採用說服的方式來影響台灣，打壓與侵犯就不再是必然的可用手段了。

再其次，大陸方面既然可以提案，則自然必須比較戒慎地去了解或體會台灣人民到底關切什麼，取得了機會向台灣人民證明他也有愛台灣的能力。對中共而言，公投法不必再全是台獨的工具。公投法從一種台獨手段轉而成為模糊統獨分際的場合。在中共與台獨都有參與管道的條件下，可能各方必須先在其它議題上證明自己才是真愛台灣，從而賦予公投法新生命。

　　最後，中共直接參與台灣的民主經驗，再配合大陸自己正在進行的基層農村自治實驗，與它想要進行的中央政治改革，將有助於台灣了解大陸農村自治的成就，以及大陸引介台灣實踐的果實，則原本兩岸衝突點的公投法變成了共有的資產。

　　古典的政治家將民主的範圍透過公民權的認定來劃清，所以民主兼有排外（即非公民）的效果，此何以公投法這種以公民為主的訴求，有創造獨立台灣國的作用。今天，中國特殊的環境容許我們思考新的可能，即公民權不再是排外的了。當公民權的前提不是排外的，則公投法也不必是統獨的戰場。

　　心態不能說改就改，而靠培養，不過，一旦大陸也開始關心台灣人所關心的，則花樣不再是花樣，公民投票未必是台獨，民族主義不需要進行壓迫，生命共同體也可以大方無隅。

◆促成外交休兵兩岸皆大歡喜

　　焦唐會談結束時，台北輿論界一度傳出高層有意就聯合國參與的問題，就教於中共，過去台北推動加入聯合國的運動，是以繞過中共直接與世界各地政治人物直接溝通為主要手段，這種作風迄今為中共疑懼之根源。如果雙方在外交問題上堅持不對話，則只好在外面對抗，通常結局對台北不利，在世界舞台上，中共的主權主張比台北的有力得多。不過，若對台北不利，也會影響兩岸的氣氛，未必為中共所樂見。

　　台北欲加入聯合國，其最便捷的途徑就是透過北京的協助，北京老早表明，兩岸之間沒有不可以談的事。但北京首須放下身段，少做斤斤計較的口舌之爭，像唐樹備指責海基會是民間團體沒有資格談政治與法律問題，唐氏心中倘若真作如是想，又何必在意海基會說了不得體的話？他指責海基會越權，剛好暴露了他自己也不肯

把海基會看成民間團體，所以才會杯弓蛇影，草木皆兵。

台北可以像北京提出外交休戰，有三點內容：

◇台北維持卅個邦交國，不再以經援手段向北京的陣營挖角，北京也停止外交攻勢，甚至將南非還給台北！從此停止外交上的名義之爭。

◇北京容許台北以中華台北名義在世界各地廣設簽證機構，並共同向各國說明原委。同理，北京亦在台北的邦交國中得設辦事處。

◇北京主動協助台北，替它以中華台北名義申請加入包括聯合國在內的國際政府間組織，使台北能夠成為自主的、完全的會員。台北方面則同意完全由北京提出申請，或與北京聯合提出申請。

外交休戰有七個好處。首先，它滿足了台北參與國際事務的期望；其次，北京證明了它也可以貢獻於台北的「主權情結」，第三，外交休戰並不違反北京的「一國兩制」，因為是中共主動協助台北的，況且一國兩制之下的台北原本也有外交空間才是；第四，休戰終止了兩岸外交資源的浪費；第五，台北外交空間的開拓成了共有的一項任務，雙贏結構形成；第六，台北內部的統獨爭議可以淡化，台獨者也沒有理由拒絕中共的善意；最後，海基會與海協會爾後談判，不必再受主權爭議所困擾。

◆兩岸議會非不能也乃不為也

經過九四年初中共媒體對台北領導人一連串的點名批判後，台北方面終於回應，最早一步，就是由陸委會發表俗稱「兩岸關係白皮書」的政策說明，表達台北追求中國統一的目標不變。原本是要

爲推動台北重返國際社會而進行的政策說明，選在這個節骨眼發表，反而顯得有點兒妥協。無論如何，中共絕不會因爲白皮書重申要統一中國，就感到寬心，兩岸之間若要統獨休兵，還有很漫長的崎嶇的路要走。

兩岸統獨休兵的最大障礙，就在主權的爭議。台北曾有人主張要擱置主權爭議，但北京認爲台北不談主權的目的，其實是要藉由管轄權的行使來凸顯台北的獨立主權。可見，所謂擱置主權的說法太消極，不能取得彼岸的信任，也未必能說服此岸人士眞正誠心誠意不去談主權。

比較積極的作法，是來說服人們不要用主權作爲表達自己終極認同的鬥爭工具。主權的作用，是把兩岸同文、同種、同市場的現象，硬生生的表述成相互對抗且具有敵意的政治單位。因此，培養兩岸統獨休兵氣氛的一個關鍵，在於將主權從鬥爭工具轉化成服務工具。台北原本將主權當成台灣人抵擋大陸勢力的法寶，這卻形成兩岸之間的統獨大戰。現在應該設法讓兩岸各自宣稱持有主權的人，受到一種道德壓力，必須能對兩岸的共通現象與人群服務，則可以改變主權的性質。

在這方面，歐洲議會可以對兩岸政府有所啓發。兩岸若能由民意代表合組兩岸議會，並對政府各自敦促，則同文、同種、同市場的人民可以獲得整體性的服務。兩岸議會的組成可分爲上議院與下議院：

◇上議院由台北選出勞工、農民、資本家、婦女、原住民、客家、閩南、其它省籍、各專業團體、各宗教團體代表組成的評議會，與大陸政協委員的代表共同參與；

◇下議院由台北的中央民意代表與大陸的人民大會代表共同參與。

如此而成立的兩岸議會有幾個作用：

◇兩岸議會爲兩岸人民向彼岸政府提出要求，建立了合法的管道，則就不須要事事逼迫自己的政府，用主權向彼岸作權利主張；

◇兩岸議會的上議院組成方式象徵了兩岸同文、同種、同市場的現象，故不必因爲人們屬於不同主權而變得必須相互對抗；

◇兩岸議會的下議院組成，無異承認兩岸治權各有其正當的民意基礎；

◇兩岸議會對兩岸政府只有道德壓力，而無法律拘束力，故不妨礙兩岸未來在主權問題上作出各種可能安排，而兩岸政府在面對代表族群、宗教、性別、階級的議會所作之具體要求，如大陸沿海婦女勞工問題，或海上流民問題時，將無法以對抗的心態回應，有助於全局觀點與合作氣氛的浮現，如此，主權就不再是兩岸間的障礙。

總之，兩岸之間在走向統獨休兵，避開主權的途徑上，必須強調多元的通性，使主權從鬥爭工具變爲服務工具。況且兩岸議會的設計，不否認台北方面可以繼續行使治權，就如歐市各國不因有歐洲議會而放棄主權，其理相通。同時，議會的運作，也不代表台灣走向獨立，就如歐市成立歐洲議會本來就意在統合，其理亦甚明。

只要兩岸少作些傷感情的謾罵，少談些抽象主權或民族大義，多設計具體制度來反映人民共通的關切，則兩岸之間達成統獨休兵之默契，未必是天方夜譚。

◆建立兩個中國要靠一個中國

台灣總統大選之後，台北與北京連續喊話，互相表示有意願結束兩岸的敵對。但台北的前提是，北京必須承認，在國際上，台北

不屬於中華人民共和國所代表的「一個中國」範圍；而北京的前提是，台北必須承認，自己所治理的二千一百萬人民，與十二億大陸人民，在國際上都是「一個中國」的人民。

為何在雙方前提明顯牴觸的情況下，北京對兩岸領導人的會面，仍表現出積極的態度呢？簡單地說，大陸各界已然從對李總統就職講話的憤怒中清醒過來，了解到對台北方面明做但不明說的兩個中國政策，圖逞口舌是於事無補的。若從大局出發，只要抓助李總統要做和平使者的談話，大作文章，先營造上桌見面的氣氛再說，反而可能轉移各界對兩個中國的注意，從而有利於統一大業。

台北近來提昇調子，罕見地明確要求中共放下「一個中國」的原則，這其實反映出台北並不想在此刻上談判桌的心態。而早先李總統講話中的「兩個中國」基調，恐也是寄望中共知難而退，以便台北爭取更多的時間，開拓美、日的支持。北京洞乎此才有目前這種先框住「和平使者」，再處理「兩個中國」的戰略設計，迫使台北必須向北京直接表示，到底是不是要先搞階段性的兩個中國？

台北面對的兩難是，他的和平呼籲本是向國際宣傳用的，成效的確卓著，連大老如溫柏格者也甘做話筒，結果反而束縛了自己今天拒絕大陸的彈性空間，所以只好靠著陸委會主委、外交部長、海基會董事長等人不斷重複近似「兩個中國」的連串呼籲，暗示中共，你的條件我沒答應，你應該趕快生氣，否則就違反你自己的原則了！

台北也許不應該這麼輕估中共的彈性，萬一他做出一大堆讓步，還同意恢復辜汪會談，再閉上眼睛，假裝沒看見台北愈搖愈用力的兩個中國旗幟，李總統拿什麼理由拒絕三通？或非要在國際場合才肯見江澤民？

台北要怎麼做，才可能既保住國際空間，又可拖延讓自己股慄不已的三通呢？答案是已經建議得快爛掉牙得外交休兵。適逢南非邦交生變，或可作為切入點。一旦外交休兵，就表示中共承認台北

可以有一定的國際空間，這就是台北要的「不否認我為政治實體」地位；對中共而言，世界上則不再有雙重承認的威脅，這就是他要的「一個中國」的行動。

外交停戰了，南非保住了，金援外交的錢省下了，兩岸敵對狀態不存在了，和平使者不戰而屈人之兵了，江李會談的需要消失了，辜汪會談恢復了，統一的事又可以拖好長一陣子了，兩個中國的感覺也維持住了。

人們曾錯誤地以為，中國要統一必須先推動兩個中國，但現在看來，通往「兩個中國」的唯一道路是經過「一個中國」。

◆兩岸領導人還是有辦法見面

李登輝和江澤民想見面，但是不能見！

兩個人都希望自然就好。所以，江想把李請到家裡來作客，別管自己什麼職位，單純兩個人，這樣沒有拘束，才能說眞心話。

李則希望大家走出去，在世界面前，兩個元首可以風風光光地點個頭、握個手。

江覺得自己的辦法才自然，因為他講民族主義，當然不贊成請外國人來見證中國人之間的會面；李認為主權在民，那麼作元首的必須大公無私，豈能卸下總統身分搞私交？

兩個人可依慣例，各說各話，拖著不解決。積極一點的話，何不安排江、李見兩次面？一次讓江在家裡作東，則如中共所願，兩岸最具代表性的人物，什麼都可以談。

另一次由李來安排，選個國際場合，兩人握手點頭，叫世界為中國人雍容大度喝采。

如果江拒絕這種安排，就表示他為了打壓李的總統地位，甚至可以放棄兩人以中國人身分交談的機會，那他搞的是假民族主義。

如果李拒絕這種安排，就表示他爲了對抗江的民族主義，甚至可以放棄在國際上凸顯元首地位的機會，那他搞的是假主權在民。

人們只討論如何讓兩人見一次面，則大家拼命逼對方替自己想；現在討論如何見兩次面，則江、李要比賽看看誰較能替對方想。

爲維護彼此尊嚴，江的請客要在上海家中，不在北京，則李不會被矮化；李的會議要到新加坡，以免除美、日帝國主義陰影。

在上海談兩岸合作，所以江不算反華，李也並未投降。

哪一次見面先舉行呢？這得兩人派代表談，但別曝光。這方面李總統駕輕就熟。

◆釣魚台政策台北仍大有爲

釣魚台問題關係到民族主義與國家主權，是任何國際交涉中最難解決的議題。這兩項當初支撐西方民族國家的價值觀，發展至今已經碰到瓶頸，反而成爲限制資本主義流竄的桎梏。此何以歐洲國家今天邁向統合，完全合乎西方歷史軌跡。倒是效法西方民族國家典範不遺餘力的東京、北京、台北，仍在此一文明軌跡上相互傾軋，自我毀滅，圖讓西方向東方睥睨，鞏固其先進意識。

假如西方正在脫離民族國家體制，則在民族主義與國家主權兩個舶來價值上，東方人必須也走出自己的特色，才能掙開西方人爲我們設計的困境。於今之計，是聯合三個地方的有智之士，共同化解此一困境，而不是一味地站在某一個主權位置，或基於某一種民族立場，造成其他主權或民族的困擾，斷傷他們的情感。

首先，此番在民族主義和國家主權方面，態度至今保持中立的台北當局，應該最適合來率先倡導各造「開放主權、共同開發」。要是各造政府都作此宣佈，則每一方都能保留自己的主權，如此，

其他國籍的人前往釣魚台開發，就不算是侵犯主權，因爲這是自己作爲主權者在政策上允許的，旣然經過允許，法理上大家就都保留了主權。

其次，每有前往釣魚台宣示主權者，應該邀請各地人民同行，而其中同行的日本友好人士，甚至應安排手持日本國旗，則日本軍艦的驅逐，等於否定自己的主權。況且，前往釣魚台的台灣團隊，如有日本參與其中，說不定也會喚醒台北高層協助的意願，隨侍救難，不落人後。最後，台北方面亦應促成中、日人民在釣魚台共弔犧牲性命的陳毓祥，表現東方民族對人的尊重，不受主權爭議的影響，並藉以平撫家屬的悲戚，淡化民族間彼此仇恨的幻覺。

主張兩岸統一的人可以放心，蓋他們將確認，起碼在釣魚台，台北與北京有了重疊的主權；同樣地，主張獨立的人，也將會因爲台北與東京之間出現主權重疊，歡欣鼓舞；至於亟思領導東方迎戰西方的軍國主義鬥士，則可以證明東方有能力擺脫西方民族國家體制的魔咒。

如果釣魚台問題因而解決，兩岸問題將可以循此模式。目前，苟延殘喘的中華民國憲法，尙包括大陸在其疆域之內。於是台北與北京仍可達成相互「開放主權、共同開發」的諒解，這使兩岸人民的交往，在法理上就不會牴觸兩岸分別的主權立場。對北京而言，兩個主權範圍的全部重疊，造成世界上只可能有一個中國之邏輯（PRC＝ROC）；對台北來說，一個中國有兩個名稱，滿足了存在兩個對等中國的情感期盼。旣然中國人不會和自己搶主權，否則就是在排斥自己，則兩岸敵對狀態，就不會因爲主權爭議而再起。

靠反日仇日來宣傳民族主義的人，不會同意上述辦法，因爲他們必須承認有日本人站在自己同一邊，並與之合作；靠反華仇華來鼓勵獨立主權的人，也會反對上述辦法，因爲他們將和大陸上的人，又有了切不斷的聯繫；專靠羞辱中國人，來表達自己在東方領導地位的人，更不會同意上述辦法，因其天皇至上的武士精神將被

顛覆。

　　不過，事情不是完全悲觀。台灣民間並不反華，而台北高層也絕不仇日，只要他們不相互敵對，而發展出合作的態度，釣魚台事件反將給台灣人一個新契機，去調解存在東方民族之間的宿仇，樹立人性可以超越主權的榜樣，這樣化負債為資產，才是人們念茲在茲所等待的歷史的開端。

◆別讓國旗國歌弄成紅滿綠地

　　文憑一紙、洋裝一襲、轎車一座，均可讓迷失了的現代人昂首闊步，炫耀自己；無怪乎亟思擺脫中華認同，宣告獨立國格的台獨志士也不能免俗，竟想藉新繪國旗一幅，新編國歌一曲來證明自己，恰好透露了心中深層剪不斷的中國情緒。

　　他們日夜擔心除不去軀殼中潛藏的神州烙印，只好誇張地放浪形骸，再找一面旗幟、一首弦律來佔有自己。然而，把生命交給符號與樂譜的勇士們，就能徹底洗清漢族的血液，塗抹倉頡的文字嗎？恐怕只能換得短暫的疏離與痲痺吧！非到兵戎相見，紅滿綠島，才能悽苦地證明我恨中國哩。台獨人，不得不追求毀滅的哀怨武士，否則怎能十全十美？嗚呼，武士精神向東流。

　　李總統說了，國旗國歌不能改。其實是不必改。自信的中國人，豈會因為改了旗子就丟去認同；自信的台獨人，又何必看到青天白日就懷疑自己的誠摯。啊，原來換旗子，譜新歌的人是要革自己的命，要靠風吹才能動的死寂旗子來感動我的心，歌吟才能聞的蝌蚪音符去激勵我的情。

　　去升旗，去高歌，剛好發洩積怨，也不錯，反者道之動，獨者統之行，何忍鞭之苔之？

◆電影小獅王饒富人生大道理

九〇年代中期在美國最流行的卡通影片就是獅子王（ Lion King ），這部迪士尼的產品不僅緊張刺激，也充滿娛樂性。但很少有人注意到它饒富教育意義，其中談到一些作人的道理，我們可能有同感，也可能產生反感，但皆值得我們深思。

獅王的弟弟設計殺死了國王，趕跑了小獅王，自己當上了國王。小獅王一路逃走，對於自己深感懊惱，因為牠以為是牠害死了自己的爸爸。倒在沙漠中的小獅王巧遇了兩隻在動物世界被趕出來的痞子動物；偏偏他們卻住在像世外桃源一般的環境裡。小獅王成天和牠們在一起，學會了要「忘記過去，享受現在」的生命哲學，凡事不憂慮，即時享樂。堂堂的獅王，竟靠著吃小蟲子長大，還自鳴得意。

生活在水深火熱的動物世界中，有人發現小獅王沒有死，殷切盼牠歸去重整家園，趕走壞叔叔。小獅王輕蔑地告訴來找牠的一隻充滿智慧的老猴子，牠這隻獅子沒有過去，牠的爸爸也死了，而且，牠現在好得很，不想作國王。鏡頭來回轉動，的確，荒涼的舊王國與花俏的新世界形成了鮮明的對比。

老猴子一向嘻皮笑臉，突然正色說了一句話，你爸爸死不了的，牠就活在你的身子裡（ lives in you ）。小獅王嚇了一跳。下面的對話會讓你又好笑，又笑不出來。老猴子拿起枴杖，一記狠敲在小獅王的頭上。小獅王大喊好痛，老猴子故意問，咦！你不是說過去的事沒關係，不算數嗎？我打你可是剛才已經過去的事喔。小獅王回嘴了，可是打完了會疼呀！「對！」老猴子講了，「過去的事很傷人的」「不過，你可以從過去學到教訓！」說著，出奇不意一杖又揮了過去，小獅王本能地躲過去。啊！你學到了。

小獅王回去爭王位，叔叔說，你爸爸怎麼死的呀？你敢告訴大家嗎？小獅王呆住了，叔叔逼牠到絕谷，得意地告訴小獅王，其實

是作老弟的牠幹的好事，沒想到瀕臨絕望的小獅王石破天驚地反撲了，下場結局如何呢？聰明的讀者一定想得到。

小獅王回到了自己的王國，但牠走出了過去嗎？是的，就是牠那壞叔叔在最後一刹那幫助牠走出過去的夢魘的。牠過了幾年的好日子，以為自己拋掉了過去；等到知道拋不掉過去，又要走進過去；走進了過去，卻不敢面對過去；最後還是發現自己的過去是假的，才又復活過來。迪士尼公司和我們一樣，不知道人應該活在過去呢？還是拋掉過去。「獅王」真是一部為德不卒的電影。

◆非主權非外交非男性的出路

西元一六五八年，歐洲的封建君王為了決定領地之內的信仰，簽下了西發利亞條約，規定在各自疆域範圍之內，享有至高宗教權力，是為主權世界的肇端。

初時，信仰不同的地區，互相指為異端邪教，必須排斥。後來，宗教改革進一步促成了歐洲的科學革命與殖民主義，於是乎，歐洲以外的地區，成為宗教上主要的黑暗之地，與帝國主義眼中的處女地。征服自然，傳播福音，乃成歐洲主權者的天賦使命。至於他們彼此間，慢慢地演變成了邏輯式的權力均衡關係；而主權之內，公民文化應運而生。

由於人人各自信服上帝，就決定了每個主權者與每個公民皆獨立平等。所以，主權的絕對與公民的自主，是奠基於對上帝的信仰。獨立自主的關鍵在國家是疆域主權，在個人是物質財產權。則在國際間與公民政治裡，情感聯繫之類有損獨立意志的現象，非壓抑不可。二十世紀後，歐洲以外的國家學用主權擋阻殖民國家，也開始以國防武力來衡量自己。

　　倘若沒有排斥對象，主權將失去存在的基礎。可見，是國防、外交活動在維繫國家，不是國家在發動國防、外交。同時，所有被征服的對象，常被人以描述女性的語言來呈現；而所有參與排她與征服活動的女性，都要熟稔剛性的，冷冰冰的分析觀念。

　　無論是排斥或征服，都是對上帝負責，其中有若干基本條件必須滿足：

◇隨時行使武力與結盟的能力與意志。
◇持久壟斷資源，不對外依賴，隨時切斷聯盟的能力與意志。
◇除非接受上帝，否則號稱擁有主權的地區仍是野蠻之地。
◇政治上以接受上帝的證據，在廿世紀是保障人人平等的公民參政制度。
◇參政基礎在財產權，證明人獨立於暴君，教會之外，做上帝直接的子民。

　　在社會上，武力總是男人的專利，武力保護的對象是女人；傳教士亦是少數男人的專職，而在上帝前懺悔聽教的應該包括全部女性；財產權通常是少數男人的專業，女人則是有產者的消費品或服務員；公民參政更是男人的專長，多數女人都在支援男性國家領導的統治；獨立自主理性平等是多數男人的專屬，情感連帶則是女人的性格。一言以蔽之，主權國家發軔至今，始終是靠兩性共同支持，但只表現為男性氣質鼎盛的霸權。

　　主權通常不會容納女人，除非女人先全面男性化。但若女人全面男性化，武力就沒有保護的對象，有產者沒有消費對象，上帝變得不男不女，家庭沒有感情對象，政治人物還必須照料自己生活起居，則主權國家無法運作。

　　台灣的主權特性是矛盾的；一方面台灣尚非基督國家，不屬於必須存在的主權；二方面，台灣沒有所謂二千一百三十萬人的共同利益，故享有主權名義者鞏固主權的做法，是找尋一個共通的外

敵，則黨派、族群、世代、階級等差異自然退讓，而主權者根深蒂固的男性氣質，也仍可動員所有女性支持；三方面，台灣模仿西方公民制度外觀，提供西方想像空間，以爲中國人終將西化，上帝可以無遠弗界，故又是愛憐的對象。

目前台灣出現的特殊環境是，雖然領導人要鞏固中國的分裂，提倡國家主權獨立，切斷與大陸在物質情感上的聯繫，對內進行台奸製造運動，其背景是，踟躕徘徊的台北主權訴求，已束盡淘去，益形弱化。結果只能藉反對一國兩制來取得共識，無法對台灣主權的本質下定義，完全符合主權即排外的現象。

其實，當前台北的外交窘境，剛好提供機會緩和「國際」與「外交」的男性霸權特性。首先，「國際」在地理上本不存在，俟台灣成爲非主權後，就是罕見的、眞正的國際地區，但從此反而將揭露，台灣人在主權觀之外的活動，任何人向來無法排斥。其次，「外交」一詞的假設是，主權的內與外處於截然不同的秩序之下，但主權開放的台灣，剛好打破此一迷思。第三，不以主權作爲內涵的地區，不存在可以讓渡的主權，則統獨問題消弭。最後，內外區隔的超越，使人免除要製造內間外敵的心理壓力。假如台灣要生存，必先心理建設，如何成爲眞正的開放地區，有香港的絕對自由，而無殖民政府，有瑞士的中立和平，而爲主權身份，有芬蘭的御鄰智巧，而無血緣文化的隔膜。於是，自由中立靈巧三結合，欲達此一非外交境界，台灣的國家須非男性化：

◇台灣男性必先女性化，提供途徑吸收他們參與關乎情感的生、養育工作。

◇主權機制必先民間化，使必欲排外服內而不可得之焦慮，能夠被化解。則得要女性大幅進入國家機制（不是 5 ％、 10 ％、而是 40 ％，尤以國防外交部門爲然）。

台灣的人現在有一個歷史機運，可以把人從主權桎梏中拯救出

來。台灣對主權世界的貢獻，或將是提供主權體制之外生活的典範，使各主權政府不必因地球村時代的來臨，而焦慮不安。而對國際秩序的啓示，是如何邁向以人爲本位的地球觀。這一點才是永遠磨滅不掉，打壓不了的台灣人主體內涵。台灣自己要適應於此，須向自始被排斥在外的女性生活回歸，如果不將主權霸氣女性化，則女人只能零零星星地進入國際事務，無論彼等如何顯赫，終究不脫是一個男性戰場的捍衛者。

第５章　江八點後的中國問題

◆看江八點新黨諸子各取所需

　　民國八十四年的農曆新春，台灣同胞收到彼岸國家主席江澤民一記賀年炸彈，提出洋洋灑灑八大條作為中共來年處理兩岸關係的依據，並邀台灣共襄盛舉，進行和平統一的談判。

　　台灣各界過了一個傷透腦筋的新年。之後，有的比較懶的人，乾脆指江八點了無新意，省去自己必須回應調整的麻煩，持這種態度的人有兩種，一種是官僚政客，他們總是多一事不如少一事；另一種是台獨主張者，他們覺得中共還是不放棄用武力對付他們。

　　有人很高興，認為可以逮住機會，發展兩岸關係，走出一九九四年的低潮，所以不等別人的報告，率先決定江八條懷有善意。持這種態度的有商人與李登輝總統。李總統可能早就規劃一九九五年是兩岸交流大幅提昇的時刻，礙於前一年培養互信的任務失敗，不好大張旗鼓搞交流，現在江八條送上門來，機會稍縱即逝，自不可放。

　　還有人很憂心，覺得中共這次狠狠將了台灣一軍，用了我們國統綱領的辭彙，也抓住我們早先說要進行李江會談，簽訂台商保障協議，結束敵對的主張，竟反過來要求我們去談，完全暴露出我們其實不想談的那種逃避心態。某些學者持著這種看法，他們害怕江

八條是中共教而後誅的第一個步驟。

上焉者作出客觀狀，分析江澤民的動機。不用說，這些人都號稱學者，他們討論江八條如何可以有助於鞏固後鄧小平時期的領導核心，或中共是在用什麼談判策略對付台灣。對於學者而言，只要他們能把中共當成一個與自己無涉的客觀對象來分析，就算盡了社會責任了。

被政敵說是中共同路人的新黨的回應並不具體，報載趙少康說了無新意；龐建國建議要淡化一個中國；傅崑成覺得中共沒誠意；朱高正怪是李總統想會談而引起中共的回應；陳癸淼主張藉機走出兩岸關係的低潮。整體而言，新黨的立場與國民黨和民進黨各有重疊，嚴格說，三黨皆無明確立場。

正中要害的一句話，仍是新黨的人講的。龐建國點出，江八條多少是針對台灣與日本的關係而來的。無論中共對日本的疑懼是眞實的還是想像的，在江八條的字裡行間處處流露出來。

在前言中，江澤民提到「絕不允許外國干涉」台灣問題；第一條宣稱堅守「中國主權和領土」；第二條反對台灣「擴大國際生存空間」；第三條重申一個中國與領土完整；第四條言明是「針對外國勢力」；第五條要求兩岸「面對世界經濟」造福中華民族；第六條是直接面向司馬遼太郎情結而提的中華民族五千年燦爛文化；第七條以省籍、黨派凸顯台灣問題的國內屬性；第八條提醒台灣「不需要藉助任何國際場合」。

提綱契領地說，江八條涵蓋的層面不小，觸及的具體議題也很多，但是貫穿的原則卻十分精簡，即在表達中共對台灣領導的預期，要他們作出中共認爲一個中國人在這個節骨眼上會做的事。說穿了，就是劃清與日、美帝國主義的界限。

江八條特別還說，假如台灣的人能對統一作出貢獻，歷史一定不會忘記。這句話讀兩遍以上，會令人毛骨聳然，因爲反面的意思是，假如對統一有阻礙，那麼歷史一定也不會原諒。一言以蔽之，

江八條是問我們要怎麼做中國人？

　　台灣的人讀不出民族主義式的警告，恐怕是因爲他們想不到中共的那種民族情緒。這種情緒健不健康是另一回事，重點在於台灣政界與學界普遍缺乏這種情緒，所以才讀不出江八條眞正想澄清的事，故老以爲是在戰術層次談問題。

　　我們千篇一律地鑽進了牛角尖，解讀每一個字的涵義。見樹不見林的結果，就是抹去了整體的訊息。我們看不見林不是因爲我們不了解中共，或自己太笨，而是我們已經正在失去站在民族主義的立場進行對話的能力，小氣兮兮地在猜人家這次有沒有善意。

　　新黨需要自省的是，如果在面對群衆與政敵的時候盡想講一些討好的，似是而非的，或起碼不會出大錯的話，則新黨的眼界就會愈來愈小。別人總把新黨看成是親共的，常使新黨百口莫辯。誰能料到，新黨並沒有時間好好地把兩岸的問題想清楚，甚至不少人以爲新黨已經有很好的大陸政策了。其實，就算它想親共都還不知怎麼親呢？

　　新黨這種在大陸政策上怕出錯，戰戰兢兢的態度，使它在回應江八條時，和其它人一樣找不到與中共對話的位置。要批判中共，與它合作，或既聯合又鬥爭的人，必須起碼能將自己提昇到民族主義的高度，或更高（例如，人類文明、人道主義、東亞經濟圈的層次）才有可能。

　　新黨的民衆與支持者泰半沒有叫中共犯嘀咕的日本情結，也難怪聽不出江澤民在罵日本。可是這不能作爲他們回應江八條時那種漫不經心的藉口，畢竟他們還是中國人。這也是江八條想知道（或想故意刺激大家去想）的！自認爲是中國人的那些台灣同胞，難道還要江澤民去教他們怎麼作中國人嗎？

◆江八點引起回歸憲法的思考

我們常認為，中共所指稱的「一個中國」就是「中華人民共和國」，與我方所稱的「中華民國」不同，所以我們不能接受。若我們仔細研究，會發現中共對台單位極少說過「一個中國就是中華人民共和國」，反而是台北方面不斷地強調「一個中國就是中華人民共和國」，其理由很簡單。如果「一個中國」等於「中華人民共和國」，由於我們不能接受「中華人民共和國」，當然就不能接受「一個中國」；但假如「一個中國」不等於「中華人民共和國」，我們不就要跑到「一個中國」的架構之下了嗎？台灣領導覺得這是很恐怖的一件事情。所以，中共對台單位非常謹慎地避諱提出「一個中國就是中華人民共和國」的立場。人們也許會認為中共雖然嘴巴上不說，但實際上心裡卻暗想將台灣拿下來當作地方政府。中共心裡一定會有這種傾向，因為中共自認為是中央政府，但是中共在這方面不是沒有彈性。事實上，江八點有彈性，因為其中並未提及「中華人民共和國」的字眼，而且似乎表示所有兩岸關心的問題都可以談，反倒是我們認為他們已經將「一國兩制」的定義僵化了，所以中共不可能和我們談。由於我不能與中共談我們所關心的事情，而以中共心裡所想的一個中國，其實就是中華人民共和國為理由，拒絕談。其實中華人民共和國的國號並非不能談，是我們自己認為這個問題不能談，因為我們不想與中共談；所以問題的重點在於我們，而不在於中共。

向憲法大老請教這個問題：如果兩岸要針對一個中國的詮釋進行談判，是否可以達成兩岸均能接受的定義？我們認為兩岸如果要談一個中國的詮釋，則應該回歸到民國三十六年施行的中華民國憲法之下，先得將場景重新拉回到民國三十五年政治協商會議，從當時中共與包括台灣等各地方的代表皆參與制定的憲法談起。如果將來中國一定要統，勢必不會將中國曾經分裂的事實拿來大書特書，

使其作為歷史上非常重要的一頁，像兩德統一之後也拼命地解釋德國沒有分裂過。我們面對一個中國的問題時，如果能夠回歸到民國三十五年政治協商會議，並將民國三十六年的憲法作為起點，對我們並無不利，何況那部中華民國憲法的精神很接近聯邦制。中共可能認為這個方式行不通，因為中共在一九五四年已經制定新憲法，至今也修憲四次。但起碼雙方就可以坐下來談了，既然中國要統一，就應該統一在過去統一的基礎上，怎會統一在過去分裂的基礎上呢？所以中國如果要統一，就必須回到內戰前的中國歷史，大家承認內戰的結果沒有王寇、勝負的問題，我們要超越內戰的勝負情結，就要回內到內戰之前共產黨自己也簽過字的中華民國憲法草案。我們提出這種方式，是表示我們不拒絕與中共談。

其次，很多人談到兩岸的分裂其實是制度的分裂，尤其聯合報有一陣子的社論非常有氣魄及胸襟地探討一系列這方面的問題。在動員戡亂時期終止之前，兩岸的分裂的確是制度之爭，但在動員戡亂時期終止之後就不是制度之爭了。中共提出一國兩制的目的也不是要與我們有制度之爭，而台灣內部主張兩岸是分裂主權，各政治實體之間井水不犯河水，所以也沒有人想要改變大陸的制度。今天我們高喊「反共」，卻不是反共產主義，而是反「中國共產黨到台灣來」，所以嚴格說來，兩岸已經沒有制度或生活方式之爭。有大陸民運人士到台灣投奔自由，我們卻將其遣返回大陸，這是什麼制度之爭？其實我們是害怕中共和我們談制度之爭，所以制度之爭只是一個藉口。

江八點中的關鍵之一是中華文化的部分，執政黨認為中共和我們談中華文化，顯然是要和我們爭中華文化的主流，但是我認為中共說這些話的對象，絕不是那些在台灣仍然自視為中華文化傳承者的人，而是另外一批不把自己看作是中華文化傳承者的人，因為這些人聽到這段話時從來不會有反應，所有在這論上比較傾向獨立或獨立主權的人，從來沒有在媒體上對這一點提出反應。會對這一點

提出反應的，都是自視爲中華文化正統的人，他們批評中共過去搞文化大革命，根本不算是中華文化的傳承者。但中共說這段話的對象，其實是日本的司馬遼太郎或河內繼之助，而不是那些以中華文化正統自居的人。

在此前提之下，我們也應該認識到，江八點的提出絕非中共領導核心過渡時期的產物，而是由地方根據中央的基調，寫成文件後交回中央整理，再送回地方加以修正，這個過程不斷地反覆之後才產生江八點的論點。由於台灣人總是爲了特定時期的特定事件而行爲，所以就理所當然地以爲中共也是如此。事實上，江八點提出最關鍵的問題應該是「台灣人是不是還要做中國人？」這個問題。主張台獨的人應該不反對自己還是中國人，只是主張在政治上不和中國搞統一，但是在文化、人格各方面都承認自己是漢人。問題在於承認自己是中國人對於自己的政治行爲及政策是否有影響？如果主張台獨者承認自己是中國人但這與政策完全無關，則其宣稱承認自己是中國人就失去意義。舉例而言，爲了開拓我們的國際生活空間，爲什麼台灣可以與薩爾瓦多、日本、美國等國談判，就是不肯與中國人談？不肯與中國人談，又怎會認爲自己是中國人呢？反而是將中國人當做是自己的敵人。但是主張台獨者又說不出「不承認自己是中國人」這句話，因爲明知自己的祖先是漢人，雖然台灣經過日本的殖民統治，但這只是在名義上讓我們變成不是漢人而已，而血統上我們仍是漢人。爲了使中共覺得主張台獨者也是中國人，讓中共基於中國人不打中國人的原則不攻打台獨，則不論我們主張中國統一或台灣獨立，我們應該要在一定程度上表現出我們有作爲一個中國人的樣子。

◆回應江八點一條條絕不模糊

在各界都紛紛發表意見的情況下，台北可以選擇在江八點三週年的時候針對江八點逐條提出具體回應的方式，首先針對一個中國問題，提出一個中國的制度基礎：

◇中國統一的商談須奠定在中國本來的統一根基上；
◇統一協商的起點是民國三十六年的中華民國憲法；
◇重新詮釋內戰，承認內戰雙方沒有歷史的贏家。

其次，針對統一談判，提出先成立非正式的多種協商管道，並做爲危機解決的接觸途徑；包括國家統一聯誼會（政治協商會議與國統會委員）、國民代表聯誼會（人民代表大會與國民代表大會委員）、退休外交官聯誼會、退休國、民營企業家與經濟主管聯誼會、各黨退休或資深無黨職之黨、工聯誼會、資深教授聯誼會、非執政黨聯誼會（八個民主參政黨派與台灣在野黨）。

再其次、針對外交空間的問題，提出兩岸皆停止爭取新的邦交國，而南非與教廷留給台北，並要求中共主動研議統一前台北在國際組織之參與模式。

第四，針對武力犯台，則不須回應，蓋台北不承認中國內戰還在進行，本來就無擔心衝突的理由。

第五，針對政經分開的建議，提出兩岸經濟分工協商時間表，鼓勵台商與內陸鄉鎮學校建教合作，與促成兩岸城市間簽訂投保契約。

第六，針對五千年文化的說法，提出兩岸共擬學校教育基礎教材，發展新中華的社會倫常規範，同時加強希望工程的合作。

第七，針對要吸納台灣同胞意見的說法，提出先建立社會各階層、地區、部門的親善代表網爲因應。

第八，針對高層來訪的主張，提出循序漸進，先邀汪道涵，再

邀趙紫陽，走走看看，然後可以請楊尚昆。

最後我們必須回答中共關於台灣人是否仍是中國人的疑慮，表現台灣的中國人怎麼在做中國人。要讓中共知道，在不談統一或獨立的前提下，我們仍然知道怎麼做中國人。

我們也要讓中共了解台灣不存在立即的、嚴重的帝國主義威脅。因爲中共要想像台灣嚴重地受到帝國主義的威脅，才能逃避其內部認同不清的問題，就如同我們要想像受到中共的威脅，才能逃避內部認同不清的問題。

上述所提回應並不等同於中國統一，但有利於統一工作的氣氛培養，以待時機。將來中國如要統一，可利用這些氣氛及機制，因爲這些機制也可以協助在台灣主張台獨者在文化上、人格上繼續做一個中國人，而不要被中共認爲搞台獨就不是中國人而被攻打。

想想看，跑到兩岸都嫖妓的台灣男人及在兩岸剝削低層勞動者的某些台灣商人，絕不會因爲台灣主張主權意識而失去游移於兩岸之間的能力。一天到晚高喊台灣主體意識的人，就是使得兩岸被嫖的娼妓及被剝削的低層勞動者，忘記了自己與對岸被嫖的娼妓及被剝削的低層勞動者擁有共同利益。今天我們如果拼命高喊台灣的主體意識，而忘記台灣人是中國人、中國人有共同問題，就只是在幫助那些號稱以台灣主體意識爲名義的剝削者。

◆從江八點規劃兩岸經濟分工

原則上，爲了因應江八條的寬鬆氣氛，經濟方面台北應努力的，是打開台商在大陸的生存空間，提高人民的生活品質，促進經濟資源流通，具體做法有九點。

經濟分工：兩岸之間的經濟互補局勢，將因大陸的全面起飛而改變，台灣的產業項目，或將由大陸通盤取代。兩岸經濟決策單

位，宜緊密策畫兩岸經濟分工，保留或創造台灣在中國經濟圈中的生產位置，由大陸主動協助配合台灣總體發展，尋求台灣產業界在大陸，亞洲與世界上某些特定區域或部門中的優勢。

投保契約：兩岸之間簽訂投保協定的想法，因管轄權的文字表述爭議，無法展開協商。然而，大陸的經營環境之中，存在太多的人為障礙，造成不肖黨官壓榨台商，台商剝削大陸勞工的惡性循環。應該推動兩岸城市簽訂投保契約，提供台商在司法上的保障，或安排台灣代表常駐各主要投資地區，加入各地糾紛仲裁的程序，凡此皆須與大陸有關當局先行協商。

鄉鎮企業：台灣中小企業形態，與大陸新近崛起的鄉鎮企業，頗多雷同，很有交換經驗的空間。由於鄉鎮企業資訊缺乏，技術不足，且管理上弊病叢生，大陸正大力推動鄉鎮企業之優化。台商赴內陸誘因不足，故應進行有關當局之協商，使台商能與內陸某事業單位或學校合作投資，取得使用計劃內物資優惠，提高內銷比例，內陸單位則獲分享利潤的好處，也有助於鄉鎮企業結構之優化。

國際橋樑：應該繼續鼓勵外商赴大陸之前，先到台灣，使台灣能成為中外之投資橋樑，協助外商取得所需的大陸社會管道，台灣則可以獲得某些技術轉移，並收取服務捐。

共進世界：應該鼓勵兩岸企業家共進世界市場，大陸的優勢在人力與科技，台灣則有管理經驗與靈活的資本，此類橫向聯繫，恰是大陸改革中最鼓勵的生產方式，台灣則可以取得與世界級企業競爭的台階。

開放陸勞：當前的勞工政策，只准外勞，而不准陸勞，促使陸勞地下化，得不到勞動者應有之保障，也使私渡問題擴大。兩岸應該協商，由大陸方面發給赴台工作證，定期調整，以管理陸勞數量與前往部門。台灣則成立大陸勞工處，隸屬勞委會，專司陸勞管理與福利保障。

立法修正：當前兩岸關係條例，對與大陸有關係的商人，抱持

大體猜疑的態度，且授權各主管當局，可以無償撤銷相關許可，使商人中出現次等公司，並在人民基本權利（財產、旅遊）方面加以歧視，此一歧視，甚至無須司法程序，亦無補償程序，實爲人權上的諷刺。對此，應該推動立法修正，使與大陸有商業關係的人，免於恐懼。

陸企來台：大陸國有企業挾其規模，資金，技術與計劃優惠，早已活躍於國際市場。事實上，陸企在許多方面，可以在台灣找到更有合作潛力的上、下游合作對象。台灣甚至可以考慮規劃特區，吸引陸資，也有助於台資回籠。

商訊交流：兩岸應協商，鼓勵台灣傳播公司赴大陸，投資於非政治性的資訊市場整建，包括：商品廣告，文藝作品，學術交換等方面，使兩岸人民，能快速共享文化與市場訊息。

◆批判江八點婦女界聲音微弱

婦女界少數代表，不讓鬚眉對「江八條」作出回應，的確在男性主導的兩岸關係中，予人耳目一新的感覺。雖然他們發言的內容，完全沒有超越男性決策者設定的範圍，或許使人以爲，兩性在兩岸問題上的立場，並無本質之不同，不過，只要有更多的發言機會，相信她們也終能體會出一些有特色的、批判性的看法。

江八條的「性」含意是，談到民族問題，不必區分性別，所以他特別提醒大家，五千年的文化是中華各族「兒女」共同創造的，但提到台灣同胞時，他一不小心只說到他們和大陸的中國人是手足「兄弟」。他把「姐妹」省略了，對江個人而言，當然是無心之失。但如果他不小心省略掉的是「兄弟」，只談「姐妹」，不知會如何？

江八條希望兩岸經濟繁榮，造福整個中華民族。所謂「整個」，

應該泛指兩岸的男性上層階級而言。何以然？君不見，遊走於兩岸之間取利的商人，偷渡客，政客莫不以男性為主體，來去由不得自己的人，多係婦女配偶。

要是婦女界找我發言，我會提出下面的意見：兩岸協力取締因為交流而衍生的色情行業；兩岸協力解決學籍、學歷問題，使子女依親有所依據；兩岸協力解決家庭團聚的問題，使新成配偶的年輕人，能妥善延續民族生命；兩岸協力解決大陸勞工合法化問題，使生產者得到尊嚴；兩岸協力解決沿海環保與資源問題，降低污染，不再竭澤而漁，等等。

婦女界在兩岸問題上可以發言的空間何其大，加油。

◆中國婦女參政仍有省籍差異

邇來對於中國婦女參政多所探討，如女性是否應該只投票給女性？女性首長應該扮演什麼角色？無論站在什麼立場來回答，似乎都必須先假設男人與女人是迥然不同的兩種人。

雖然這個假設有問題，可是大家卻都習以為常。於是有人認為只有女人才能幫女人，而有人則相信，也有男人會幫女人。他們一致地想要幫助女人，好像對於誰可以稱為女人，早已成竹在胸。

民主選戰以來，「誰是女人」從來不是一個話題。但所有女人是否都具有共通的需要，相合的生活背景，同享的家庭經驗呢？婦女團體迴避了這個問題。女人是誰？答案很簡單：凡不是男人者皆女人，女性議題是以「非男性」的方式呈現。多數人都認識到選舉中當選的女代表，鮮少在競選時凸顯女性議題。那麼女人當選後是在鞏固，還是在衝擊父權結構呢？

其實女政客身上肩負著社會對女性的期望，所以較有潛力更能了解女性的困擾，但她們經常以「非女性」的自我呈現方式以使自

己為男性所接受，則又強化了男性比女性優越的刻板印象。

說不定男人身上也有一股又一股受壓迫的女性氣質，今天，我們的盲點，在把女人與女性氣質等同，使得自己不知如何面對女人身上的男性氣質，也不承認男人身上的女性氣質。

所謂女性氣質，多少是與生、養育活動相關的。如果是有助於生、養育價值的話，就是好事。當然，人們會傾向於相信，女人比男人更能體認生、養育價值，此乃社會既有的性別偏見塑造出的能力。

其次，女性運動中也有省籍現象。有的向來同情反對運動的女性運動家，不會對於支持民進黨候選人的作法有所不安；但因為外省籍背景而無法在情感上支持民進黨的，則只好保持沈默，或乾脆採取全面反體制的態度，從而免除了性別與省籍扞格帶來的尷尬。不過有的曾經支持台獨的女性政治人物，已在戮力照顧榮民；喊過統一口號的，慢慢學會不提統獨。可見也有人已經有意識地在處理這些心中的矛盾。

女人，因其女性氣質的強弱與包括省籍因素在內的生活背景不同，不能一概而論。同理，男人身上的女性氣質要加以發掘培養。所以，女人不是「非男人」的人。婦女參政所最終要發揚的，不必是女人的特殊利益，而是兩性共享的生、養育價值。

◆台北大陸政策心情發生邅變

李總統對「江八條」的六條回應顯示，台北大陸決策者的心情，有了很大的轉變，這不能不歸因於中共對台政策的兩面手法。

基本上，近幾年來的大陸政策基調十分穩定。在國統綱領提出的時候，台北的政策，是要中共不否認台北為對等政治實體的地位，然後兩岸可以接觸談判。四年之後，李總統重申了這一個嚴正

立場。

不過，四年前，我們相信中共渴求三通，故以三通為餌誘之。現在，我們發覺自己才更需要三通，因此對於中共死不給予我們名份的作法，反而不知所措，有點兒作繭自縛的懊惱。

嚴格說，李總統的語氣固然堅定如昔，分裂分治的口號依舊響亮，然而細讀事後的文稿，字裡行間流露出近乎哀求的味道。值得細說。

李總統先是舉起民族主義的旗幟，談了「民族情感」、「兄弟情懷」；在航運方面，主張「預作規劃」、「進行溝通」。然後，再表示願與彼岸領導人自然見面。怎麼見呢，會後由吳伯雄秘書長來透露；可以在國際場合私下會見。拼命講民族情，只為出國見次面！

更要緊的是，對於中共以為台北最關心的問題，即武力犯台，李總統指示政府要研究規劃敵對狀態之終止，就只等中共先宣佈放棄對台澎金馬使用武力。萬事俱備，就等北京鬆個口。

中共只要口頭上滿足這個小小的要求，三通馬上可以談，敵對狀態如何終止也馬上可以談。除此之外，李總統表示，交流將繼續加強廣度與深度，加上民族主義的口號喊過了，對於「外力」也罵了，不能不說，台北心情上的轉變，使它看似不變的政策立場，大幅縮水。

台北的心情為什麼變了呢？兩個因素。一個是大陸上對於投資和貿易的鼓勵，使台商躍居外資第二位，在台的大企業已經等不及政府的腳步了。另一個是解放軍的間接表態，加上江澤民的八條天羅地網，使親者仇者同感股慄。

問題是，中共能不能聽出來，台北已經無路可走，求它放一條路？或聽出來了，但肯不肯放這一條路呢？台北要的，不過是個臨時名份。

一定有人反對中共放鬆一點兒，因為他們不信任李總統，覺得

他過去騙過人們的情感。其它也有人可能半信半疑，覺得即使李總統有誠意，但也控制不了島內台獨勢力，會利用中共承諾放棄用武的機會，大肆活動。對總統絕不信任的人，包括多數解放軍；半信半疑的泰半是研究台灣的學者。

台北退了一萬步，只求中共別再拿大原則壓下來。中共偏偏不懂，它們想，台北只要肯讓大原則壓一下，所有的事都好商量。此岸要裡子，彼岸要面子。哪個先被滿足呢？

只有兩種可能。一個是台北先接受中國這個外號，另一個是北京先讓台北到國際上透一口氣。誰先讓，都讓中國人可以進入歷史的開端。

◆中共體會李六條要多靠耐心

在李總統回應江八條之前，中共已經等了四個月，尤其想聽兩件事，一件是關於終止兩岸敵對狀態，另外一件是關於兩岸領導人的會面。慢慢地，大陸方面大體已經知道，在這兩方面，江八條所期望的都會落空。

不過，由於台北方面讀出江八條的嚴峻氣氛，所以陸委會、行政院、總統府一系列的回應中，充滿了緩和的語氣，而以李總統的談話為高潮。對中共而言，李總統的六條談話，因為瀰漫著中國氣氛，應算是一份好文章。

然而，中共也有幾點必然感到不滿：

◇即使中共承諾「放棄對台澎金馬使用武力」，台北只會同意就終止敵對狀態談判，進行「預備性」的協商而已，完全不保證有助於統一。

◇李總統只肯與江澤民在中國以外之處見面。

◇不但要求中共「尊重歷史」，不否認「分裂分治」的現狀，

還進一步要求中共承認台澎金馬「主權」。

中共會如何體會這一份高舉中華民族旗幟，但卻又堅持中國分裂立場的宣告呢？首先，中共內部不存在對台進行強硬政策的條件，故會傾向暫時不作負面回應。其次，中共要看台北後續交流方案，是不是真的能加強「廣度與深度」。

再其次，要看關於通航方面「進行溝通」的說法，能否落實。最後，更要看李總統會不會在其它的場合，又不經意地表現出親日、親美，或情緒上反華的傾向。中共最在乎李總統心中會另有圖謀。

總而言之，李總統的談話，可以有效地延緩中共在對台政策上作出結論，或沖淡大陸各界對李總統搞台獨的印象。但長期而言，中共會高興或又感受騙，則不是一次談話決定得了的，不久之後的康乃爾事件極為明證。

◆李總統訪康乃爾中共難消受

一九九五年夏初，李登輝總統赴美訪康乃爾大學，中共大為光火，透過媒體，指責訪美行是分裂中國的圖謀。美國人很害怕，因此儘量希望降溫，把李總統的訪問，嚴格定位在私人層次。中共不但不買情，還罵美國倒行逆施，別有意圖。說穿了，中共認為李總統就是總統，叫他李先生並不能掩飾他具有元首的身份，愈掩飾反而愈叫人起疑。

中共其實很偽善。因為早先江澤民說要與李登輝見面時，難道就沒有想到，他口中所稱的李先生，根本就是李總統？為什麼美國人見到的李登輝非要是總統？而中共自己想見的李登輝，就可以只是李先生？莫非李登輝是總統還是先生，是要看與他見面的人是誰才能決定？

　　台灣各界這次與中共觀點卻一致，與美國立場則有牴觸。雖然國內統獨爭戰不休，但大家無不認為總統訪美是外交突破，故有人在美國歡迎「台灣總統」，也有人去歡迎「中華民國總統」。他們都和中共一樣，認為美國很無聊，明明往訪的是總統，為什麼美國又不准接機，又不讓開記者會，假裝李總統只是個私人旅客？

　　不過，台灣卻沒有像中共那樣大罵美國，反而回過頭來和美國一起指責中共反應過度。理由很簡單，台灣是靠美國式的「私人訪問」把李總統送到美國的。是在到了美國以後，才揭露自己的外交意圖。所以李登輝的總統身份，是建立在美國的「私人」定位上。

　　這就說明了，為什麼中共雖然很偽善，台灣竟沒有人去戳破這一點，原來台灣喜歡這種用私人名義掩護官方身份的作法，而且恐怕還想在兩岸關係上依樣畫葫蘆。中共如果回想第一次辜汪會談，一定恍然大悟，想通當時台北把民間會談說成是政治實體對談的邏輯。

　　於是乎，中共開始相信，只有他自己是真的不接受李登輝的總統身份，別人都是在玩私人訪問的文字遊戲。不過，中共給對手留了最後一條退路。它先用最狠的話罵了美國，叫他小心砸到自己的腳，又嘲弄台北不惜血本，只求挾外人以自重。這都是以前要打仗時罵敵人的話。好了，我把你們當敵，你們怎麼說？

　　如果你們全力罵回來，表示你們覺得被冤枉了，但你們都沒有大罵回來，可見是心虛了！如果你們好好來溝通，做點實事，證明自己是無辜也好，偏偏你們都不理我，還更努力掩飾李總統的身份，一付怕我生氣的樣子，要不是別有所圖，幹嘛躲躲藏藏？

　　的確，中共在比較美國與它自己要見李總統的問題上，用了雙重標準來理解。在大發脾氣卻得不到效果時，它恐怕以後更要用雙重標準來看事情。值得注意的是，中共把台灣和美國劃在一起了，用的都不是中共看待它自己的標準。這不怪它，誰叫美國說中共反應過度時，台灣各界立刻就複頌了十多次呢？

好在中共還沒發瘋，卻讓美國以為它只是叫叫而已，台灣各界於是也學美國，覺得心裡很安定。結果是，中共關於「背離一個中國的嚴重行徑」的談話，成了美國與台灣心中「想不通」的怪事。中共恐怕遲早還要作更過度的反應，讓人們面對真正的 reality，接受什麼才是 imopssible。

◆解除飛彈危機少用公開傳話

自從中共兩度試射飛彈以後，台灣地區民眾就開始對兩岸關係疏離，對黑金政治冷漠，人們害怕聽壞消息，從市井到層峰都麻木不仁，過著花開堪折直須折的生活。

忽聞辜濂松先生自告奮勇赴彼岸求見中共高層官員，並有意改變行程，以便和總理李鵬會面，表達台灣人民的想法。辜先生管道通天，故又讓人對未來有了新希望。

現在，大家都拉長耳朵等著聽辜先生要怎麼說。因為請纓的人是公開求見，所以媒體必然日夜跟尖，即使跟丟了，也一定在事後圍攻，絕不讓辜先生少交待一秒鐘行程。

可見，辜先生這次不可能是去傳話妥協的，否則就不會驚動大家了。既然大家都等著看戲，他就只能依照台灣少數有權者的主要意見，來詮釋二千一百萬人一條心的提法。

換言之，中共方面大概聽不到什麼驚天動地的新意見，甚至可能辜先生說話的態度和語氣，都會叫彼岸大員有種似曾相識的熟悉感，最多，中共只是更肯定原來的印象。

最近中共發脾氣，拒絕聽任何傳話，就是在暗示台灣要堅守一個中國，認真反台獨，而且要有行動，口說無憑。辜先生則相信中共還不了解台灣，毛遂自薦要再去說說看。

中共了不了解台灣我們不知道。不過，辜先生的三吋不爛之

舌,一定會對中共所自以為已經了解的那個台灣,加深印象,再次確認。中共會不會多聽了一次同樣的訊息,就幡然醒悟,改造自己呢?還是會因為這一次,反而下決心下得更容易了呢?

要是我能坐層峰,一定拜託辜先生之流的好心人,別安排見大官,這樣我們可以拖久一點。

◆冷眼看台灣大選錢其琛偷笑

台灣的總統大選,給國際間一個印象,就是台灣已經走向成熟的民主。可是我們身歷其境的人,除了參與投票之外,好像完全感受不到什麼歡樂的氣氛。有人可能會認為,是中共連番的演習,破壞了辦喜事的心情。不過,以現任李、連組為核心的四組正、副總統候選人,其攻訐傾軋之激烈,手段之卑拙,若非中共飛彈煙幕之掩蓋,而不致赤裸裸地成為人們注視之焦點,恐怕更會引起人們的恐慌,以為大規模的械鬥鎮壓,即將降臨。

錯誤的癥結,在於人們以為選舉就等於民主。這是西方觀察家習以為常的假設,每到一地,先視察民主程度,其標準不外乎下列諸端:有沒有定期、秘密投票、平等的選舉;反對黨強不強;司法是不是獨立。其中最直接看得到的就是選舉。照西方人的哲學,投票就是公民獨立自主表達自由意志,所以有人天真地相信,只要經常辦選舉,一定可以把習於天朝文化的子民,改造成各有主見的公民。

可是,誰都可以辦選舉,到底誰的選舉才代表民主,通常不是辦選舉的國家,自己鐵口直斷就可以的。往往所謂老牌先進的民主國家,都會忍不住要指指點點,評口論足一番。他們到底根據什麼規則沒人知道,說穿了,可能他們自己也講不清楚,因為這必須看他們在不同的人、時、地的心情而定。於是乎,明明有一樣缺陷的

選舉，卻得到迥然不同的褒貶。西方民主國之所以只看選舉制度，說穿了是他們不理解其它文化，只好假設別人投票的意義一定和自己的動機一樣，才能繼續假裝自己是文明典範。

在台灣這次選舉過程中就暴露了很多人們可能會指爲是封建的現象，這些現象其實長久存在於台灣，但因爲總統大選範圍之廣，觸角之遠，前所未及，才讓外行人都看得更清楚，民主究竟係何玩意兒。首先，是派系動員。台灣地方派系的威名，早已遠播海外，不少西洋學者對派系現象還有所好評。疏不知，人們依派系的指示投票，就表示不是在發揮自由意志。他們是用個人參與政治的形態，表達自己的集體認同，與西方假設的個人主義公民文化，格格不入。

其次，賄選的作風也長久爲人詬病。每個宣揚民主的人，都認爲販賣選票，就是出賣靈魂。但台灣的人沒有宗教的靈魂，只有倫理的人情，故買票的人主要是感謝支持者，讓他們投票日有動機去投票，所以買的是鐵票，並不是想改造早就決定支持別人的選民。但因爲不能確切掌握支持者何在，只好用撒錢的方法，地毯式的送賄。這次大選，就有一組候選人，資源豐富，以各種型態的饋贈，與選民拉關係。

嚴格說，倘若沒有派系，沒有賄選，台灣可能就沒有民主。派系與賄選是動員的手段，台灣選民自己沒有強烈的動機，要找一個特殊利益的代言人，他們最多期望能有人在中央，隨時爲他們作必要的關說，所以不經過動員，選民投票的意願可能不高。因此，台灣的民主可稱之爲幫派民主、封建民主、集體民主或動員民主。八十五年的大選出現一些劣質趨勢，即大幫大派欺壓無組織的選民，或不准表態，否則收稅監視；或強迫表態，攤派捐獻。唯選民基於自利、恐懼、或習慣，鮮有反彈意願者。

幫派民主一旦劣質化，就成了裹脅民主，大幫大派未選已勝，這個現象不是台灣才有，大陸上的選舉，也有這些中國人的劣根

性。像當前大陸農村換屆選舉村長與村委會，就有很多地方出現宗族、宗派、宗教勢力把持的現象。還有的村也碰到賄選。大體而言，有四分之一的村選舉合乎規範，這也已經超過兩億農民了。不過，雖然農民參與熱烈；而且不少村選垮了當提的候選人，可是整體而言，選舉是經由宗族、共黨動員完成的，加上惡勢力作祟，這些年齡不到十年的農村選舉，已經展現出台灣式的幫派民主。

大陸選舉實踐中有一條規定，可能讓西方人吃驚，讓關心者費解，那就是不准競選，而且候選人的產生要集體來蘊釀，不完全是想選就選。照大陸的想法，是要避免人們因為想勝選，而彼此為敵，分裂了社會。睽諸台灣四組候選人竭盡所能，相互攻詰，而且親戚朋友祖宗，全部上台開罵，口不擇言，使得公民投票可以建立生命共同體的願望，早已千刀萬剮。

中共的軍事演習，使台灣的大選草木皆兵，咸信中共一定害怕台灣的民主化。中共總理錢其琛後來作了澄清，而且他講得可能是千真萬確的感覺，他說中共把台灣的選舉，當成「台灣內部的事，我們並沒有什麼感到不安的」。的確，李鵬先前就表明了，台灣大選產生的領導人，就是台灣的領導人，管他怎麼來的，中共怎麼會不安呢？這十幾年，中共在農村實驗了民主，早就看懂國民黨那一套動員的技倆了，他們不但沒有不安，反而還可能在偷笑呢？

◆中共期待台北自定統一時間

中共要求台北，應回到「一個中國」立場，且口說無憑，還要有具體動作。問他有什麼期待，卻又不肯說，到底他想要看什麼呢？

中共不斷表示，願意談任何「台灣方面關心的事」，他為什麼看來那麼大方呢？

中共已承認，大選選出的任何人，都是台灣地區的領導人，他爲什麼好像那麼有信心？

因爲他自以爲有個法寶，可以讓台北領導人無所遁形，就是要求台北自定統一時間表。

台北反對一國兩制，他說，好啊，改叫一國兩區嘛（李鵬江八點週年講話就用「地區」而非「地方」）！不過，請訂個時間表，讓我看多快進入一國兩區，多快再從兩區邁向統一？

台北說，一個中國不是中華人民共和國，他說，好啊，你說換什麼名字？不過，先訂個時間表，讓我看看，你把改國號的事，具體地放在統一的哪一階段？

台北要求，要有國際活動空間，還想進入聯合國，他說，好啊，不過，最好訂出個時間表，讓我放心知道，你進聯合國的事，可以幫助你下一步完成統一。

台北想搞中華國協，他說，好啊，試試看嘛，不過，你可要有個時間表，讓我知道，你沒把國協當成終點，而且明確知道，國協將在什麼時候過渡到統一。

台北鼓吹兩岸簽和平協定，他說，好啊，不過，你要交出一個時間表，不能簽約退兵，和平了事，而要交代，和平協定之後，台北促進統一的具體步驟。

有人也許會說，中共才沒那麼好，難道沒看見，他今天全無彈性，怎麼可能會答應擱下一國兩制、改國號、給台北進聯合國、接受中華國協、簽訂主權涵意的和平協定？其實，他今天表現的愈沒彈性，明天做出讓步時，就愈顯得震撼人心。一旦他眞的讓了，他會以爲，台北豈還有理由走下談判桌？

那麼，中共什麼時候會做出看似不可思議的讓步呢？大概是在他以爲等的不耐煩，想要行動，卻又苦無口實得時候。台北千萬不可輕估中共的彈性，因爲，他現在只有靠突如其來的彈性讓步，才能叫台北的司馬昭之心，昭然若揭。

◆鄧小平只是個小毛澤東而已

在一般人印象之中，鄧小平和毛澤東是兩種不同典型的人，假如毛澤東思想主宰了中國大陸將近卅年，則接下來的廿年，可稱之爲鄧小平時代。這兩個政治人物各自領導下的中共，先是在精神上追求社會主義道德的淨化，後來變成在物質上追求物質文明的解放，乍看之下很難相信我們講的是同一個社會的執政黨。

其實，鄧小平時代與毛澤東時代的對比多少是創造出來的。一方面中共自己爲了要營建革新的氣象，擺脫文化大革命對政權合法性所堆砌的包袱；另一方面，國外情勢正從冷戰的凝固氣氛中舒緩開來，大家期望看到一個不同的中國。於是，人們刻意忽咯了鄧小平在意識型態、政治性格上與毛澤東的一脈相承。

鄧小平和毛澤東一樣，均強調中國的特殊性，這就決定了他們都會採納群眾路線。毛澤東對中國共產黨最大的貢獻，乃是他重視調查研究，在鄧小平來說，這種態度和他一再強調的「實踐是檢驗眞理的唯一標準」，符合。這並不表示他們沒有原則，而是說中國大陸面臨的特殊生產關係，必須要靠幹部深入民間才能掌握。

也許有人會說，毛澤東發動群眾運動，搞階級鬥爭，和鄧小平的務實作風豈能相互比較？不過，毛的群眾指的就是工農大眾，而鄧小平的務實政策，恰是以佔大陸絕大多數的工農大眾爲主要政策考量的對象。表面上，當年毛在發動人民公社運動與大躍進的時候，鄧小平是站在對立面的。鄧小平爲了拯救大躍進之後破敗的經濟，還設計了自留地和包產到戶政策，怎麼可能與毛有什麼共通性呢？

但別忘了，毛的公社與大躍進是以紅的力量在與代表專業的計劃體制鬥爭，而鄧的包產到戶也是從計劃經濟之外著手的。毛要把生產資料下放到公社，而鄧則將之進一步往農戶生產隊放。如果說，毛澤東對劉少奇的鬥爭是紅對專的鬥爭，則鄧小平與陳雲的鬥

爭如出一轍。

鄧小平在改革初期就是在重複六〇年代的包產到戶政策。到了八四年，更推廣到城市企業，進行承包制。受惠的企業職工幹部，一大部分是當年在毛的革命口號下，進入城市的貧下中農。只不過毛太過於激情，所以只能在政治領域裡搞文革，而在經濟領域裡繳了白卷。

鄧從經濟上繼承毛志，他在農村改革成功後，又鼓勵村鎮企業來吸收農民勞動力，在城市鼓吹農民背景的企業幹部自行創收，以小吃大，以落後吃先進，包圍計劃體制，大搞農工群眾創收，無異是經濟領域裡的文化大革命，故被技術官僚指責是在挖社會主義牆角，卻像極了當年毛鼓動紅衛兵佔領政府機關，炮打黨中央的行徑。

這兩人除了在意識型態上都反計劃體制外，他們的政治性格也有類似之處。他們都是第一代的領導人，經歷過清黨、長征等生離死別的革命時代，面對過世界超級強權的南北夾攻，是世界上罕見的和美、蘇都開過戰的政權。可以想見，他們的眼光是冷酷而長遠的，用著百年的，全球的角度在思考中國人的立場，也難怪他們都對眼前的小利小害不屑一顧。

這是他們政治生涯最矛盾的地方。他們毫無吝惜的犧牲一些村夫村婦的性命，對於浩瀚深厚的黃土文化自卑又自豪，但仍永遠相信自己是站在群眾的一邊。他們既沈穩又殘忍；有時饒富仁民愛物的王道情懷，有時篤信殘民以逞的霸道手段，講求原則的史官，難給他們下斷論。

不可否認，毛對於思想改造的迷戀，使他與鄧小平的經濟主義有了外觀上極大的差異，但當鄧小平拍板定案說出香港要駐軍、胡耀邦要去職、學運定位成動亂，不搞改革就下台等狠話時，人們難免要懷疑，這個斬釘截鐵的態度，讓人既安心，又痛恨，不就是毛的一貫嘴臉嗎？

我們聽到人們說鄧小平和毛澤東是兩種人時，必須謹記，這種說法是把鄧小平和毛澤東並列，故可以創造鄧小平的歷史地位；又儼然是把鄧小平說成糾正了毛的錯誤，故可以讓鄧小平取代毛的地位。但如果我們也能看到鄧和毛的共通性的話，就知道，鄧個人並沒有那麼絕對特殊或偉大。他的神奇，多少是我們渴求。

◆誰敢說台北沒有釣魚台政策

咸謂在釣魚台事件上，外交國防單位缺乏表現，或舉止失當。其實，各方之中以台北收穫最豐。蓋釣魚台事件發生之初，高層的政策目標很簡單，即防止中國人的民族主義在台灣蔓延；晚近鬧出人命後，則改採比較積極的態度，開始醞釀北京與東京之間的衝突升高。目前看來，第一個目標近乎達成，第二個目標已露曙光，但仍須努力。

釣魚台事關主權價值，此向係大陸決策單位面對北京時的至尊武器，本應大張旗鼓。不過，由於此番海內外率先出面伸張主權者，都站在民族主義立場，而民族主義訴求會模糊掉台北的主權意識，故自大選以來遭到口誅筆伐，從而使得台北在這次的主權問題上，為了迴避民族主義，失去了切入的角度，事實上，早先外交部的政策宣告中，躲閃民族主義頂要緊的一條，就是決不與中共合作保釣。

事件發生以來，台灣各界對於釣魚台問題的反應，大體是冷淡的。一方面，這是過去幾年本土化運動已經開花結果；另一方面，也賦予當局一些自信，並培養出更大膽的企圖心。在香港民間保釣任務傳出傷亡之後，國防部與陸委會透露了新一波的政策期待。國防部表示，對懸掛五星旗的保釣號，愛莫能助；陸委會則重申保釣決不會與北京同步，已抗拒「一個中國」的形成，故台灣的保釣，必須站在中國人立場以外的位置來欣賞。更進一步，也更重要的政

策宣示，包括要尊重日本勢力範圍，與指責中共保釣不力。

　　像國防部就宣佈，釣魚台海域屬於日本的救難範圍，海空軍不會前往。相應於此，陸委會諷刺北京既為軍事大國，頗可逕自行動，但為何不敢放飛彈到釣魚台？那還談什麼「寧失千軍，不失寸土」？此地傳達了三重訊息：首先，代表中國人的是北京，而非中華民國；其次，北京在台海發射過飛彈，故中共眼中的台灣尊嚴不如釣魚台；最後，是最值得關注的，是用激將法逼北京對日本動手。換言之，台灣內部的中華民族主義情緒，既無龐大政治支持，則一旦北京與東京間衝突爆發，想必不會掀起台灣本身親華力量，故有利於此間高層順勢獲得日，美更大的信賴，追求外於中國的國際地位。

　　而且，如果北京與東京幹開了，則外交部以漁民權益為主軸的對日談判政策，一方面顯得溫和得多，二方面東京為了集結力量對付大陸，恐怕必然會獲得讓步，則一箭三鵰：既然加入國際包圍北京；又證明自己對日交涉能力；還藉放棄釣魚台主權，宣告台灣與中國沒有重疊。這些好處說明了，何以此間憂心日本帝國主義的人士，即使對當局看似軟弱的作風一再批評，都撼動不了高層戒急用忍的修為。畢竟，等待的好處太多了。

　　唯一可能出問題的，是假如台灣的保釣勢力發生傷亡，則外交部將不得不為這些當局所痛恨的民族主義者，向東京表達主權主張，除了牴觸高層的情感之外，也不利於日本在與北京對抗時，將台北看成盟友。但萬一保釣人士有所成功，當局將不便公然指為破壞大局，則儼然又會回到中華民族範圍之內，造成敢怒不敢言的尷尬。又基於主權立場，官方不宜出面壓制保釣，故如何間接地控制彼等勢力，已成為檯面下諸單位的當務之急。

　　到目前為止，台北高層對事件發展應感到差強人意。其有所擔心者，當然不是日本的右翼份子，更不是大陸的右翼份子，而是挾佔中國人立場的台灣右翼份子。

第６章　膚淺游移台灣政風

◆兩岸搞對抗文化殺手最開心

　　沒有任何一種關於文化交流的討論，可以不涉及政治；也不可能有什麼政治議題，有可能在文化上是中立的。儘管兩岸人民所面臨的文化困境，具有深層的共通性的意義，但對於文化現象重視到什麼程度，卻是個根本的政治問題。具體地說，兩岸人民倘若認識到自己所面對的，都是殖民主義所遺留下來的雜交文化，都是帝國主義所建構的主權秩序，都是高速社會流動所摧毀的倫理規範，都是看不見未來所造成的集體精神焦慮，則兩岸政治領導人各握一方，混淆人們回歸文化共性的需要，以民族主義或生命共同體之名，妄圖壟斷所轄人民絕對效忠的行徑，便不能不成為傳承與發揚文化者，所唾棄與厭惡的做法。

　　好笑的是，愈是反文化的政治人物，愈喜歡用文化這個高尚的外衣，掩飾自己野蠻的性格。殺人殺得愈血腥的，就愈要揮舞精神文明的大旗，高唱五千年優秀的文化傳統；貪污耍特權耍的愈兇的，就愈要標榜自由意志所揭幕的歷史開端，吹噓新中原文化的降臨。其結果，凡是由官方發動的文化活動，都變得死氣沈沈，其形式充滿教條主義，其風格純屬組織動員。在耗盡大量人力與時光之後，固然御用文人換得了功名利祿，但社會則疲於奔命，無暇顧及

文化的焠鍊與創新。數十億中國人在文化上的困境，就在中國特色的吹噓裡，與主權在民的囈語中，變成了歌舞昇平的盛世太平。倘有忤抗時尚的逆耳忠言，斗膽戳破了大言不慚的偽民族主義，或自欺欺人的新台變人主義，揭露了統治集團枯竭的人文素養與空虛的精神靈魂，反而會扮演成悲劇的角色，淪為圖謀逆反的動亂份子，或敵對勢力的同路人，竟助長了兩岸各自淨化族性的政治需要。

中國人的文化困境，在於師法西洋個人主義的法、政、經、社會規範時，不知如何處理基於親情倫理的集體主義文化需要。致擴張資本的台商，在大陸沿海發展出一國兩妻的文化劣型；追求貨幣薪資的大陸農村流民，丟下老弱殘兵看田管地；而高級知識份子足跡遍撒西方世界的角落，拋家棄子另結新歡，為的只是攫取不必返鄉的綠卡。曾幾何時，中國人根深蒂固的家庭倫理，成為小學教科書上的充飢畫餅，無怪乎向來仰賴儒教子民唯唯諾諾，期許社會臣服父權領導的政治人物，要感到不寒而慄。哪裡想到，這正是大搞文化革命的無產階級領袖，或恥談新中原文化的民主先生們，自己所種下的果。但兩岸政治人物的文化謀殺，在他們以彼此作為敵人的衝突升高之後，反而不再受人民檢證。中、西文明之爭，便成了兩岸之爭；彼岸摧殘中華文化的劊子手，因為此岸領導人選擇了西洋的文明立場，竟搖身而變民族主義的捍衛者；而此岸排斥中華文化的殖民殘骸，卻因為彼岸訴諸窮兵黷武的霸權政策反擊之，竟搖身而為中華文化的先進模範。渴求文化重整的人民，只能徒乎奈何！

人們或許亟思透過文化交流，締造兩岸雙贏，但這將導致兩岸統治階層的雙輸。這是為什麼李登輝總統在五二〇就職演說時，拒絕呼應一個中國政策後，中南海可以通令全境，除了少數能五鬼搬運的關係人士，一律不可來台從事文化交流，蓋任何交流活動，都將模糊掉中南海大員生氣的模樣，假如連人民共創文化新機的活動，都可以犧牲而不惜，想必算是表達了民族主義的尊嚴。無獨有

偶地，由於北京拒絕配合台北以法律文字，暫時固定中國分裂之現狀，所以此岸要求自己人民赴彼岸時，就必須繞道香港以示不滿，既然連人民寶貴的金錢、時間都可以大量犧牲而不顧，想必算是展示了一個主權實體的神聖地位。可見，兩岸人民的文化雙贏，是兩岸領導的夢魘；兩岸文化的停滯與扭曲，則保證兩岸統治勢力的正當性，厥為文盲的雙贏。

追求雙贏的說法，給人一種感覺，好像兩岸目前處於對抗；正是此一對抗的氣氛，掩飾了兩岸領導人因對抗而獲利的默契。故愈是要求雙贏，就愈是要求人民在文化活動上做出犧牲，否則兩岸統治階層咸將因失去壟斷位置，而畏於與對方開誠布公。詎知此一犧牲文化交流的作風，反而鞏固強化了兩岸的對抗，引導人們將兩岸共同面臨的文化困境，看成是對方領導階層一手造成的結局，於是，中國人不分東西南北污染著長江與淡水河的劣跡，倒爺與黑金侵蝕北京與台北政治倫理的醜態、民眾面對外國人時自大又自卑的尷尬、暴發戶只求近利而不問後果的商業陋行，都隨著飛彈演習與務實外交的連串戲碼，而得以被自我麻痹的人們暫時遺忘。雙贏的意義被徹底解構了，人們依附於兩岸對抗格局以求解脫的矛盾心裡，發展到極點。

文化活動是要藉人類的巧思，以多樣的形態，繼承與發揚傳統，並適應環境的變遷。從事文化活動的先決條件，在於人們有意識地不以掌有政經資源的少數人意志，作為服務的對象，因此也就等於要求文化人得先累積政治資源，排斥統治階層的干預。但倘若有朝一日，文化人成了統治者，則其意志又將污染當時的文化活動。同理，兩岸文化活動要披及社會各角落，首先得要求兩岸關係民間化，唯因追求民間化所掀起的政治鬥爭，一定比兩岸之間的假戲虛戲更為激烈，則焉有文化人能不政治化？焉有政治人能真心顧及文化水平？好在儘管中華文化墮落至今，這種文化與政治的盤根錯節，起碼支撐著我們此一百足之蟲，能臨死而不僵硬，兩岸統治

者，不過就是那百足之二罷了。

◆在中共面前台灣始終長不大

　　青少年是人生成長過程中最令人頭痛的階段，為了建立自己獨特的認同，往往將最親近的父母，當成必須疏離的對象。把父母想像成外來的干預者，常是青少年們感覺自己個性的捷徑。社會也是一樣，當一個社會的集體認同混淆時，就傾向於找一些內在的敵人，把他們當成對象，如此自己就建立起主體性了。

　　不用說，自從八○年代末期以來，台灣就陷入了認同危機。正像青少年對親人的反彈一樣，我們也努力將過去社會當中的中堅份子，看成會出賣台灣的內在威脅，藉由這種被親人顛覆的感覺，我們勉強去感受到自己的存在。

　　但顛覆不可能純粹是一個內在的現象，如果沒有外在的勾結或覬覦，就不存在內部顛覆的可能性，只有當自己要被變成另一種人的時候，我們才會覺得被威脅。一旦有了外在干預與內在顛覆的恐懼，我們即使不知道自己是誰也沒關係了，因為只要我們感到恐懼，起而反彈，就能創造一種保護自己的氣氛，厥為認同替代。

　　無怪乎，台灣各界都亟求找尋被顛覆的證據，而安全單位的主要功能，就是在關鍵時刻出面，提出政客們可以援引的證據，說有人要侵入台灣，過去是捏造中共解放軍涉入千島湖事件；後來又替中共在台灣找到最好的勾結對象（外省第二、三代）；接著在中共飛彈試射期間宣稱，指哪些批評李總統的人是幫中共搞分化，最近，又開始散佈中共要輸出犯罪到台灣的說法，在台灣認同混亂的此刻，安全單位如斯拼命，令人嘆為觀止。

　　假如中共不把台灣當成壓迫對象，則不可能有人會徒勞無功地幫中共顛覆台灣。若沒有人顛覆台灣的話，那台灣人要如何認識自己呢？可見，表面上，安全單位的恐佈劇情可以讓我們感到具有主

體性，但這種飲酖止渴的手段，卻逼我們把自己的認同，依附在中共的敵對行為中。

　　問題是，為什麼我們專挑中共，而不挑美國或日本為對象？君不見，美、日的記者，學者透過正規管道，大量滲入台灣汲取選情，建立特殊利益關係？照說，這種滲透更全面，更徹底！究其根本，我們之所以不怕美、日，乃是因為我們自知不是美國人，或日本人，就像青少年反抗父母，但卻不會對鄰居或同學的父母，動輒發脾氣，因他們知道自己與鄰居或同學不是一家人，在情感上不需要對之反抗。

　　可以說，在深層的心理分析之下，台灣的安全單位是在幫生命共同體的倒忙。愈是製造恐怖的顛覆與干預氣氛，愈會將台灣的認同依附於中共的壓迫行為中，也愈會暴露出自己想掩飾的中國人認同。

　　在成熟的家庭中，青少年終究會認祖歸宗，畢竟子不嫌母醜。但在問題家庭中，精神不正常的父母和迷惘的孩子一旦對立，都將終生遺憾。我們的安全單位，就是個快要讓父母精神失常的孩子。

◆政治獻金案怪中共情有可原

　　若干民代與學者，擔心中共涉入台北對美政治獻金的疑雲，他們認為台灣有人受中共利用，淪為台奸，應限制彼等不得出境。

　　其實，獻金案鬧到今天這個地步，是此間的政治文化所促成，中共未必敢操縱其中。蓋台灣政商界已習於幕後運作的統治文化，但由於幕後英雄不能自誇，否則就會破壞臺面下運作的信用，因此他們缺乏成就感，故最好有別人把他們的廣大神通掀出來，如此才能獲得社會威望。這種理智上明知不能現身，直覺上卻希望現身接

受歡呼的矛盾心理，鋪陳了本案發展的節奏，使當局者不自覺地用堅決否認與大聲指控，來延續人們對本案的興趣。

果然，關鍵人士不是主動出面的，而是被硬扯出來的，然後說要逼他對質，甚且威脅將對簿公堂。這些只有選舉造勢時才用的宣傳方法，使本可淡化的案件假戲眞做，有效地引導媒體擴大報導，似乎人們潛意識裡就希望，要是獻金案是眞的多棒啊，台灣的本領又獲肯定。

不幸，因此而鬧大的醜聞，未能帶來上次卡西迪事件的光環，竟然還產生了不利於務實外交的效果，造成個人威望沒有凝聚，外交信用受損的賠了夫人又折兵之苦。老羞成怒而牽連出的中共黑手說，令人連想到千島湖案時，信誓旦旦說有解放軍涉案的政府，迄今提不出當初所說等到適當時機自會公佈的證據，其理無他，乃是因爲台灣學官兩界近年反抗中國的情緒濃厚，亟思表達，而對事件饑不擇食使然。

這種提起中共就抓狂，一抓狂就反華的習慣，反而暴露出我們心中對中國的依賴，否則何必非靠反華才能孕育獨立的感覺。這就像青少年追求獨立時的叛逆性格，他們只會反抗自己的父母，而不會對付同學或鄰居的父母。我們一心只想氣中共，而不理有白樂琦揭發塢士杰，或共和黨鎖定黃建男，適足以害我們剪不斷心靈上的中國臍帶，幫了獨立運動的倒忙。

論者或許埋怨，因此而可能恢復的白色恐怖，會侵蝕我們鍾愛的人權口號。此言差矣，畢竟在台灣從未有過什麼人權文化。早年犧牲人權，旨在凸顯光復大陸的國家認同。後來國家認同變了，則主張台獨的人權獲得平反。但同時，早年親共者的人權卻被忽視；近年大陸漁工的人權更慘遭踐踏；若干民運人士則被迫遣返，其意義正是在凸顯新的國家認同。

在這種情感之下，批評務實外交幕後的獻金疑雲，而被指爲台奸，頗符合大的國家認同政策走向。如果此刻太強調普遍人權，必

讓人擔心會混淆敵我意識。人權是可以有的，但不能普遍化，現階段箝制涉及中國者的人權保障，乃是主流認同昇華之所繫。

一言以蔽之，獻金案的擴大導因於台灣的政治文化；中共涉案的說法肇因於台灣的社會心裡；普遍人權的消滅起源於台灣的認同情感。這些都不是個人能抵抗的。所以如果要怪務實外交家、台奸、白色恐怖者，都不公平。故怪中共還的確情有可原。

◆在野黨大和解難免同床異夢

民進黨與新黨討論雙方在立法院的合作時，曾引起台北政壇的大波瀾，適逢彼岸若干訪客抵此交流，聞訊後亦頗感迷惑，咸信兩個在野黨若採聯合行動，將對兩岸關係有所影響，但卻又說不出其影響何在，的確令人頓失依據。不過，兩岸關係有其歷史潮流與國際格局之背景，民、新兩黨之聯合會促成什麼樣的變化，固然值得關切，但卻不必認為兩岸關係會徹底改變。

大聯合的構想首先是由民進黨所提出，但後來認真的嘗試，則是由新黨所發動。就兩岸關係而言，這個構想對兩黨都創造新的挑戰。首先，原本民進黨談的大聯合，其前提是以中國作為假想敵，故要求台灣內的各個黨派、族群，捐棄成見，一致對外，乍聽之下，大聯合的主張不過是把李總統之「生命共同體」的理念，加以制度化罷了。李總統原先是希望藉由主權在民之類的政治運動，經由人民的自由意志，選出他作為全民的總統，透過他的人身，來體現共同體意志之凝聚。唯由於過去幾年來環繞在總統身上的爭議愈來愈多，生命共同體的理念，一時之間難以落實。

然而，因為生命共同體主張的勉強推銷，在兩岸之間已引發了衝突的昇高。一方面，這種衝突有助於台北當局用來證明，所有生於台灣之人應以大陸作為共同敵人；另一方面，也讓政治上要求團

結，並鞏固領導中心的說法，有了一個正當性的基礎。可是，衝突的兩岸關係，卻同時激起台灣內部重新檢討自己的領導風格。所以，兩岸衝突的結果，只完成第一項任務，亦即使得多數檯面政治人物，人人必須批判中共來免於台奸之詰，但卻沒有達成鞏固領導中心的第二項任務，民進黨提出的大聯合構想，正是希望在制度上以三黨聯合政府，取代總統個人的政治魅力，作爲命運共同體已然凝聚的象徵，其中不同之處，恰在於將總統由主體變成了客體，值得細說。

在假想中的大聯合政府，李總統是受邀的對象，他如不接受，則表示台灣不是生命共同體，如此，他提倡多年的個人理想，將證實爲不存在；倘若他接受了，則生命共同體就不是以他爲主軸，而是以包括民、新兩黨等對他批評不遺餘力的政敵在內，情何以堪？既然兩岸衝突已昇高在先，那些不接受聯合之議的人，就有了台奸之虞；若李總統接受了此議，則似乎又變成是民、新兩黨在拯救他於中共的尖刻謾罵中，所以，不論李總統怎麼行動，他在大聯合主張的挑逗之下，都不可能是一個完全能拍板定案的贏家了。

新黨的立場一樣地尷尬。三黨之中，新黨的支持者要和大陸全面對抗的意願最低，也正因爲如此，另外兩個友黨常以「中共同路人」來相譏，致使新黨領導人聞兩岸關係而色變，總要在各個場合作出激烈的反共姿態，以避人們以「急統派」稱呼他們。面對大聯合這樣一個以大陸爲假想敵的構想，新黨倘若不支持，豈不恰好掉入了「中共同路」的標籤中？但若新黨願意加入大聯合，則顯然也就不能不對兩岸目前的衝突，起了一些火上加油的作用。

可是，在邏輯上對民進黨絕對有利的設計，實踐起來卻又未必如此。蓋新黨竟率國民黨之先，對倡議中的大聯合，作出積極回應，如此一來，原本應該是針對李總統，亟思取他而代之的大聯合，頓失立足之點，蓋若由國民黨先回應，則新黨作爲台灣生命共同體之內敵（或中共同路人）的態勢必更加明顯。但新黨率先回

應，則竟勾起民進黨人要取國民黨而代之的企圖心。原本大聯合是要誘國民黨一起來消弭新黨「反台獨」的聲浪，再從內顛覆國民黨。現在變了質，而成了以國民黨為對象，又甚至讓新黨取得了顛覆民進黨的契機，原本大聯合之議乃是藉著聯合之名，在行反統一的訴求，現也變質成為統獨休兵，以能對付其實並不贊成統一的國民黨。

多數新黨人士很興奮，認為他們先發制人，從三分天下的死棋中，又下出一步活棋，打翻棋盤，但是他們要付出成本。首先，在大陸政策方面，聯合之下的政府不容易有什麼大的突破，有人要把大陸當敵人，有人不想這麼做，其結果，很可能是賡續現有的消極與被動。其次，新黨倘若因為大陸政策或外交政策方面的爭議，而退出聯合，則使他們加入聯合以避「中共同路人」之諷的初衷，完全達不到目的，甚至會因為退出聯合，而被拿來當成是中共同路人的證據，這說明了何以新黨努力要將聯合之說定位在清流的聯合。以凸顯在野勢力反對黑金的一致立場，並刻意強調統獨休兵，以為將來因為統獨之議再起的話，可以有理由退出聯合。此一構想站在新黨本位固可說得通順，但對於當時新黨支持的總統候選人皆以「反台獨」作訴求，上述的作法難免不會降低了林洋港的氣勢，使他在批評彭、李等人鼓吹或縱容台獨時，顯得時空錯置，當初在選前，林、郝的氣勢若不依附於反台獨，則當初新黨自己退選總統的美意，恐怕也付諸東流了。

在這樣的形勢之下，大陸方面會感到難以捉摸也就不足為奇了，假如民、新兩黨聯合之議，真的促成政壇的重組，使統獨的區隔含糊，則對大陸立刻產生了兩個後果。其一、大陸要對付的對象，即台獨，失去了明確的輪廓，反台獨的各種大動作，不再有一個對象，故其在短時期內採取靜觀其變的可能增加了；其二，因為統獨休兵以及大陸方面的等待，使得李總統藉由兩岸衝突及與林，郝的對立而吸收的同情，也會散去，則又因其選後支持的降低的或

將會使中共重新評估兩岸形勢。

　　不過，中期來看，中共的等待有其限度，它要判斷新形勢是否有利於兩岸交流與統一，故必然仔細觀察台北方面在外交上是否會持續有挑釁的行動；在兩岸間是否開放直接三通；在島內的族群問題是否會再被掀起。如果等得不耐煩，則可能而產生的失望更大。過去一直批判李總統時，起碼有一個對象，俟聯合之下，要批誰罵誰竟變得不清不楚，此一「沒有李登輝的李登輝政策」態勢，在心理上所激發的焦慮，和因看不清楚對象而產生的恐慌，其後果未必不會超過演習期間吾人所已經品嘗過的程度。好在後來台灣召開國家發展會議，確立了國、民兩黨的合作，才保住了中共得以對抗的對象。

　　質言之，國際上對中共與中國人的疑懼不斷昇高，這是中共自己改變不了的，所以它擔心台灣受美、日影響，而要將兩岸分裂現象長期固定下來，這也是它看兩岸關係的唯一角度。民、新兩黨談聯合之舉，已產生了彼此顛覆的效果，但卻不會改變中共看台灣所慣用的角度，因此它如果發現統獨休兵的台灣在搞維持現狀的把戲，一定忍耐不住，只有在國民黨勢力瓦解的大變局之下，它才有可能進一步等待。但這個等待的可行性，又會因為此一變局提供它一些施展影響的新空間，而被抵銷，換言之，大聯合之行動對兩岸最終的影響是何，在於大陸政策的基調能否由衝突轉為交流，如果不能，誰來聯合，都挽回不了失去的時空。

　　新黨力圖要將大聯合的意義重新詮釋，民進黨則有人希望維持初衷，當聯合的意義變成各說各話之後，國內的政局或能持續一陣子，那中共就沒有什麼好等的，只待日後進行談判。國民黨遲早要加入民進黨的大聯合似成定局，但以大聯合來取代李總統，想藉此將生命共同體制度化的作法，暫時無法落實，則民進黨期待全國一致對抗大陸的想法，也就仍將依附於總統身上，這是民進黨所始料未及的。最後，若大聯合之議全盤瓦解，則新黨群眾將有受愚之

感，若彼等反彈情緒昇高，反將有利於鞏固李總統的位置，如此兩
岸關係目前的基本態勢，就難以好轉。

　總而言之，大聯合之議，在短期內使兩岸的衝突暫停，中期之
內有可能昇高，長期之內恐怕不會有太大的變化。

◆從魁北克公投聯想台獨公投

　前年魁北克用公民投票決定是否要獨立，使台灣前途是否也應
該用公投來決定的問題，再度浮上檯面。大體而言，公投制度有嚴
重缺陷，除非精心設計，否則將暴露出台灣沒有一個生命共同體的
存在，對習於共同體口號的人民，恐會造成難以平撫的焦慮。

　公民投票第一個重大瑕疵，是不論投贊成或反對票的人，都必
須先承認，和自己有不同意見的台灣人可以投票，但和自己同一陣
線的其它人（美國人、日本人）卻不能投票。所以，參與投票的第
一個意義，是在表達，有投票權的人屬於一國，沒有投票權的人不
和我們一國。

　很多人卻覺得自己和日本人或大陸人更有一國的感覺，所以參
與投票這件事本身，就在切斷他們和情感相屬的另一群人。同樣，
對在台灣外面的人而言，不論多想和台灣人共同生活，都不得不眼
睜睜地看著自己被排除。這種被排除在自己關心領域之外的感覺，
對不少人來說，是會造成發狂的行為反應。

　化解的方法，是容許所有關心台灣前途的人，都有一個制度化
的管道，來表達自己希望或反對台灣獨立的意見。尤其是對大陸上
的中國人，甚至應該容許他們也有提案的權利。只要能提案，就表
示他們可以參與，則既緩和了他們那種被排斥的感覺，更能引誘他
們為贏得人們支持自己提案，而學習認真體會台灣人民之所需。

　公投第二個大毛病，是錯誤地假設每一個人都是以一個公民的

身份，平等參與投票。然而在實際生活裡，人們因爲種族、宗教、性別、階級等種種因素，而過著不平等的生活。解決的方法，是每個人必須選擇一種身份來投票，如此看出哪一種身份對他（她）最重要。只有在女性、男性、勞工、中產者、資本家、佛、道、回、老人、年輕人、本省、外省、客家、山地等等所有分類中，都得到多數票的立場，才算通過，於是保證沒有任何一種身份被犧牲。

第三個大問題，是公投中的選項太簡化，使複雜的生活經驗與情感被扭曲。解決的方法，是容許凡獲得一定人數聯署的所有相關立場，都列在公投選票上，如此保障人們有豐富而廣泛的想像與選擇空間，不致於爲了簡化議題，或爲了進行公投，而違背生活中的實際。

最嚴重的是，每次公投必有不同意見，等於是告訴大家，我們不是生命共同體，蓋我們之間在認同上有關鍵差異。贏的一方覺得受到威脅，相信認同不純的人要再教育；輸的一方恐懼之極，擔心變成次等公民。共同體終結於此。這裡沒有解決的方法，緩和之道，在於拉長投票時間，分階段，分區域進行。

如果公民投票制度不能讓全球及大陸有參與管道或進行立場分類的投票，並鼓勵各種相關提案並陳，投票結果只是自我欺騙而已。

◆中國國民黨百年慶生的勉勵

人類千萬載的文明軌跡，源遠流長，則近百年政黨政治之新局，又何值大書特書？誰知清末民初之世界文明，已然分殊而對抗，中國國民黨崛起於中、西文明撞擊交匯之地，相蔑相輕之時，正是對命運的反彈，對生命的檢討，對歷史的呼籲。回顧文明，開創文明，庸能不大書特書？

　　政治本是世俗之事；政黨本為形而下的鬥爭工具。但是，當政黨的使命嵌入了民族的命脈，任憑政治人物的熙熙攘攘，或個別事件的循環起伏，都掩藏不住背負傳統的焦慮，也阻擋不住開創新機的亢奮。在中華民族淪為次殖民地的危機中，神聖的救亡使命降在誰肩？

　　中國國民黨在文明衝突中誕生，卻又象徵著文明的融合，這個矛盾至今規範著黨的性格。中山先生感於民族之頹廢，在東洋帝國主義入侵之際，毅然成立興中會；隨著革命形勢之發展，為求容納更多反清志士，後又改組為同盟會，終能創建民國。

　　切莫忘了，革命黨人雖然旨在恢復中華，抗拒帝國主義，卻選擇了檀香山與東京為基地。檀香山是當時中國人愛恨交織的對象，乃泰西文明中，最近中國之地，為時人所嚮往；但又大批延攬華工，復加歧視待遇，甚且鼓吹黃禍排華，為論者所恥。東京亦然，雖瀰漫著同情中國革命的浪漫，吸引最多中國留學生，卻也是東洋帝國主義的溫床，和中國國恥「廿一條要求」的始作俑者。

　　至今第三世界政黨革命建國，未聞有此僑民遍及諸地，政黨關係跨越多家殖民母國者。中國國民黨作為世紀之交，文明之紐的華人組合，不僅將泰西民主價值引入五千年古文明，又將東洋的人脈資源散佈神洲，厥為華夏一族兼容並蓄、自我改造的關鍵。

　　關鍵之地的人常有認同危機！夫中國國民黨的發展，不能不繼續受著文明衝突的桎梏。但惑於時代之紛擾，鮮有後世史家述及當時所面臨的成長陷阱，那是一種失去主體感覺的恐懼，一種意識不到的寒意。一言以蔽之，要為振興民族盡心盡力的領袖們，竟是站在西洋文明史觀的立場上，要求國人戮力奮鬥。

　　國民黨領袖相信，中國民族必先追求與世界各民族平等相待之地位。所言固是，其心亦誠，然則世界諸文明若言平等，必先訴諸於某一共通之準則，方可就平等與否進行比較，其結果，自然人皆採納了由西洋文明發展出的準則：國富否？兵強否？人民獨自行使

政權否？準則既定，則中國民族自始就只能瞠乎其後，若依泰西自求多福之個人主義人生觀，中國焉能獲公平之機會？倘若發乎內心地學作一個後進的西式國家，又何必奢言民族地位之平等？

質言之，儘管國民黨初時鼓足了中國的民族情緒，卻是在推動泰西的文明史觀；既不免有貶抑中華文化傳統之作用，自無法滿足民族情緒之舒暢。於是，莫名的沮喪，疏離了黨領袖之間的感情。上焉者延入西洋的政治制度，間或有先求國之統一富強爲著者，教育人民從事生活習慣改造者、禦侮攘外不遺餘力者，下焉者則託付於某一帝國主義，圖謀短利。

究其根本，在西潮的衝擊，大東亞共榮圈的陰影，與中國喪失自信的時代裡，要求人們從中國文明內部汲取生機，確屬不易。好在，國民黨仍能糾合國民於帝國主義泛濫的時代，自救於存亡之秋，爲中華民族自省再出發固本繫髓，功匪可沒，早爲識者所誌。知所往而求所來，如今國民黨在臺灣的茁壯，正是順著同條文明軌跡，當代的人若通曉於此，豈能不咸感悸動？

中國的內戰在國際姑息逆流中告一段落，國民黨在美國的支持下，退居臺灣生聚教訓，成就了中國人又一次文明大躍進，系統而大規模地引進了西洋的市場制度、民主價值、生活方式。與此同時，國民黨政府寬容地鼓勵本土企業家，和戰後遭逐出臺灣的日本前殖民社會，維持著千絲萬縷的文化、經濟關係，也繁榮了臺灣。

臺灣的國民黨將近代中國與美、日帝國主義的矛盾，蛻變成了交流互補，國民黨成爲人類文明史一座成功的橋樑，結合了美國的政治觀念、日本的社會型態、與傳統中國天下爲公的恢宏氣度，厥爲臺灣奇蹟中罕爲人道的一面。所遺憾者，此一特殊的文明位置，反而引起一些文明的誤會與衝突，值得細說。

民初國民黨的困擾，是找不到一個自在的文明位置，來處理中、西文明衝突的尷尬；今天的挑戰，則是已然融通多重文明的國民黨，卻由於各國文明發源地的相互猜忌，成了他們眼中難以定位

的對象，或敵視之，或利用之，莫衷一是，難免引起國民黨再定位的時代需要。

最受國民黨威脅的，恰是自詡在內戰中獨占鰲頭的中國共產黨。中共與國民黨發跡於同一個時代，繼承著鴉片戰爭以來的民族屈辱。內戰之後，中共又受制於俄共，三十年來其所累積的民族主義自卑，未嘗稍緩。適逢改革開放引進西方與東洋勢力，但求富強，竟重蹈了早年國民黨迷失文明立場之覆轍，釀成改革派與保守派之爭，物質文明與精神文明之辨，好像若不站在西洋文明的位置，就得不出改革開放的方向感。這莫非是歷史的諷刺、民族的自殘？

中共擋不住的改革潮流，令之股慄，以為帝國主義虎視眈眈。又逢國民黨吸收了西洋與東洋文明，恰好成為中共最痛苦的對照。中共的反帝情緒向著國民黨投射，這說明何以北京當局將國民黨看成了美、日帝國主義的棋子，竟猶舒緩不去自己失掉文明立場的迷惘，故苟若不對國民黨大加韃伐，如何能向自己意欲反帝而又不能的苦悶，有所交待。

不過，中共把國民黨當成帝國主義同路人，又非純屬空穴來風而已。蓋國民黨實踐文明融合的努力，難免為近來由於冷戰結束，而感生命空虛的外國人士，誤作是血腥的引誘，竊喜國民黨所代表者，是中國人徹底西化的肇端。一時之間，將中國人視為世界殘餘威脅的主張，甚囂塵上。即令臺灣內部，也有人喜出望外，委身於國際反華勢力，沆瀣一氣。兩相激盪，中共與帝國主義的鬥爭，居然選了臺灣作舞臺。

今者，唯國民黨所經歷的文明滄桑，所體會的政治虛矯，方能化負債為資產。放眼中國文化領域之內，獨國民黨能大力推動憲政改革，而無虞於西方陰謀和平演變中國文化；睽諸世界文化範圍內，亦僅國民黨能致力復興傳統，而不害及五權體系和選舉制度之落實。一反中共自拒於世界文明之外，或西洋文明自戀於歷史先進

之地位，國民黨慨然大度的文明經驗，大可以爲世人覺醒的樣子。

天將降大任於斯黨，在人類文明甫即墮落，自相摧殘，彼此傾軋的民初亂世中，孕育了中國的國民黨。不經過幾代的歷史煎熬，國民黨跳不出今日中共所仍陷身的困境；不經過冷戰四十年的磨練，國民黨實踐不出融通文明的政治風度。帝國主義對國民黨錯誤的反華期待，與中共對國民黨虛構的反華幻想，考驗著國民黨成爲一個世界文明級的政黨。

立足臺灣、胸懷大陸、放眼世界；國民黨實應回顧文明，創造文明。若眞能如此視深見遠，堅百忍，圖大成，必爲中國人開創新徑，有所貢獻於世界人類。是爲百貳週年慶妄想爲誌。

◆兩岸民主競賽誰贏還很難説

中國人發展民主有其特色，若將兩岸的政治改革作一比較，必可發現其間共通之處，一言以蔽之，中國人喜歡的，是集體主義民主。從實踐上看，可分成三方面來說明。

首先，兩岸主流都崇尙新權威主義，中共的主流鼓吹中央集權，故推動民主集中制，分稅制等強化中央領導的黨政設計。台灣的主流也強調鞏固領導中心，由元首本身凝聚生命共同體意志，削內閣爲幕僚，並直接訴諸民意，繞過國會。新權威主義在兩岸表現一致：即行政與黨政相配合，強人形象纂升，與資源集中。

其次，兩岸政治文化正趨同，都是透過動員來操縱選舉，大陸的農村民主，和台灣的各級選舉，均具備了多人候選的形式，不過卻改變不了大宗派、宗族、宗教把持大陸農村的現象，也撼動不了大黨、主流、優勢把持台灣政壇的局面。他們皆靠壟斷利益渠道，營造社會壓力，濫貼政治標籤等手段，使無組織的選民基於自利，恐懼或習慣，而寧可附庸於若干周邊政客，絕不肯冒著遭大幫大派

騷擾的危險，去挑戰現狀。

最後，在制度上，兩岸皆一反世界各國的作法，不讓行政官員由國會產生，卻使國會從行政官員中產生！像大陸各級行政領導，就常成為上一級人大代表，他們怎敢監督自己上一級的行政領導？而台灣的修憲探了大陸模式，由總統主導內閣人事，再安排內閣官員來領導國民大會，他們怎能監督總統，或他所提名的考試、司法、監察官員？兩岸的制度，俱在鞏固黨政權威的一元領導。

雖然兩岸咸高喊民主，推動改革，但人民都渴求有所依賴，領導也都想定於一尊。故一旦有人取得了名器權位，往往迅速結成大幫大派，他們良莠不齊，有人就靠裏脅利誘，去動員人民表態，誇示統治正當性。這種表現，充其量只是封建民主，使他們的主子淪為新皇帝，諒為力求開創歷史的人物所不恥。

其實，集體主義民主未必不好，仁君之下也可以有制衡，他的官員更可以接受選舉考驗。只是在中國的人治文化下，領導人必先以身作則，建立制度，不搞動員。在這一點上，兩岸到底誰才民主的比賽，根本還沒展開，遑論勝負了。應該說，今天誰愈靠裏脅來勝選，將來誰的民主起點就更落後，只不知何以兩岸仍在比誰更會動員？

◆台灣人選總統對兩岸的啓示

九〇年代中期，兩岸的中國人都在進行前所未有的選舉實驗。大陸上的九億農民，正開始品味農村自治的大變革，為著將來全面的政治改革，進行舖路工作。台灣方面的進程更具震撼力，即由全體台灣居民參與直接投票，選出中華民國第七任總統。

一九九六年三月進行的中華民國總統選舉，是中國範圍之內空前廣泛的單一選區直接選舉，過去的直接選舉，最大是以縣為範

圍，縣以上行使間接選舉。在縣級選舉所產生的民意代表，則又是在依據縣的行政區劃進一步向下分出的選區來競選，故每一候選人面對的選民十分有限。台灣在省長民選時，首先有了突破。

相較之下，中華民國總統的選舉，其選區相當於大陸上的一個省的範圍，倘若這在中國政治史上，尙不能稱之爲驚天動地，起碼也是一個重要的里程坤。即使在台灣內部關於國家認同模糊的情況下，逕由公民直接參與選出國家領袖的方式，雖然在許多方面有其瑕疵，但仍不失爲一個暫時可以處理爭議的途徑，較之赤裸裸地動員與鬥爭，未嘗不能作爲一個制度上的新選擇。

由於選舉的範圍如此之大，對於中國政治文化的啓示，及對於中國政治制度的意義，究竟爲何，值得進一步細說，以下將提出五點檢討，供海峽兩岸關心這次選舉的人們，有一個自我反省與批判的參考點。

首先，是關於用大規模公民投票來選總統的意義，必須先作說明。一般人知道投票就代表民主，民主就是好事，忽略了公民直接投票的行爲之後，有許多關於人性的假設，旣然投票是近代西方社會發明的制度，就不能避免在公民投票制度下，有夾帶著西方文明關於人性的期待。

其中最主要的假設，就是公民乃是以個人的身份，表達自己其實是屬於國家主權之下；所以，參加投票的人立場同或不同，但他們都是同一國人，故在形式上區隔了有投票權與沒有投票權的兩種人。這種區隔凸顯了主權與公民權的排他性。尤其是任何地區第一次進行這種規模的選舉時，其排他性的意義，要遠比議題或人選的重要性大得多。

矛盾的是，公民投票時表達的雖然是個人意願，但所追求的效果，竟然是集體的排他主義。這種現象並非只存在於台灣，像民主老牌國家美國，在選舉期間都是高唱愛國主義、美國優先之類的口號。換言之，在工業社會將個人疏離之後，人民反而可以藉著民主

投票時的個人行動,掩藏自己尋找集體認同的焦慮。

　　好在台灣是一個深具中華文化傳統的社會,中國人一向講求兼容並蓄,除了社會菁英與極端份子會藉著選舉總統,來表達台灣整體排外的立場之外,大部分選民投票仍然受到派系、族群、利益、宗親、宗教等因素的影響。這些與人民生活比較相關的考量,雖然都看似具體,但卻又都是跨越台灣各地區的普遍性因素。選民站在這些生活方面的立場投票,在心態上就顛覆了以排外主義爲訴求的西方選舉前提,反而使台灣選民的投票行爲,看來更近似大陸農村選舉中的投票行爲。

　　如果中華民國總統的選舉,在心態上不要強調其過程中所凸顯的排外主義,則對於想要與台灣百姓親近的大陸人民,就比較能坦然相待。同樣地,大陸觀察家若能細心體會台灣一般選民的思考邏輯,應該也能會心一笑,不須再擔心中華民國總統選舉對主權的含意爲何。

　　第二,總統選舉看來是一項大規模的民主化實踐,但並不能代表中國政治文化已從人治走上法治。依據中華民國憲法之設計,內中較傾向於由五院主持政務,而讓總統居間調和,所以總統不必在一般政治爭議中選邊,故可以維持中立形象。這個設計原本符合國人對於人君無爲而治,風行草偃的道德期待。不過,另一方面,國人又有希望一國之君能指揮若定的威權文化包袱,所以現今採總統直選,來滿足人們這種依附的心理需要,故也近乎傳統的王道思想。

　　其結果,當然是使得在制度上的權責關係發生模糊。直選產生的總統,對於政策有莫大影響力,但憲法卻只要求五院負責。像因此而形成的權責混淆,必須仰賴中國人傳統一向最講究的人際關係來調解。換言之,中華民國總統的選舉,不但不會對既有文化徹底改造,反而還進一步保留了以人爲治的運作空間。大陸方面自不必因爲台灣選出了人民總統,而有與台灣漸行漸遠的感覺,蓋中國人

的人際態度在台灣還很明確。

第三，台灣的總統選舉對中國政治文化的最大改造，在於競選方式。大陸現今也有各種直接、間接的選舉，年年進行，但是大體上反對用競選的形式來從事選舉活動，甚至拉票、拜票都被當成是違反規定的作法。之所以反對競選，是因爲大陸上認爲，選舉不是個人的事，競選拉票，則顯示候選人有私心，不是以集體爲念。

這裡的困境很明顯，有私心的當選人參政意願才會高；而大家妥協、醞釀後產生的候選人一旦當選，政治參與的動機相對較弱，但也大體不會爲惡。依照改革開放的邏輯來說，大陸的政治要上軌道，得能夠有效對付貪官與權貴，則首先必須在政治上也「調動個體積極性」，解決落後的廉政監督能力與人民日益增長的肅貪需求之間的矛盾，因此應該要讓能競選的先擔任公職。

台灣的總統直選是兩把利刃，一方面讓人民在情感上依附於總統身上，供其御用；另一方面，則在政治上保留了將來唾棄當選人的權利。但大陸上不搞競選卻能當選的人，彼之心態就受制於提名他們的人，包括選民小組、選舉委員會、黨書記、反而對眞正選他們的人比較疏遠，所以在維護選民權利的工作方面，缺乏制度上的壓力，只能靠良心上的責任感。大陸上將來政治要上軌道，選舉時恐怕逐漸必須能容納競選活動；相反地，台灣將來在提名時，則應該多重視草根與專家的互動與蘊釀，以提昇候選人的道德良心。

第四，是關於什麼職位適合由人民直接投票產生。大凡居於調和位置的人，最好是間接選舉產生，這在大陸上，就包括省級以上的行政首長及其政治幕僚。不過縣級以下，如縣長的選舉，其實可以因地制宜，由各省自行決定，是否要試點搞直選。縣長直選的好處，是使得基層黨員在政治領導上不會離群眾，在實際資源征收和配置上，不敢亂攤派，亂收稅，關乎共黨信用至鉅。故在地理空間與財源的允許下，應先辦試點。

至於人民代表的選舉，應該全部改爲直選，在過程上當然可以

先由省人大開始，再及於全國人大。人大代表倘若缺乏參政動機，靠黨政部門提名，三推三讓之下再得些好處，則對權力的運用一定不能與行政部門相對應。全國人大直選時選區的範圍不會超過一個縣，所以其實已經可以開始試點。試點可以先從農村開始，再及於城市，如此在初時的社會效應可以控制，這對中共的信用只會增強，不會削弱。

第五，則是兩岸的公民文化皆亟待發展。首先要跳出選舉即民主的西方式思考框架，在理論上構思不以排他為前提的民主制度，結合儒家文化重視道德規範的傳統，與西方文明鼓吹競爭的個人主義人生觀。由於「公民」是西方政治發展的產物，與國人重視人情關係的習慣有些出入，如何透過人與宗族、職業、社區、階級等管道，建立與社會之間的權利義務聯繫，應該是中國式民主制度主要的內涵。

台灣的總統選舉，是觀察中國公民文化發展趨勢的實驗場。令人擔心的是，它會不會變成排他性的反文化工具？令人興奮的則是，它有可能發展成一套有效抑制長期濫權的機制。這正面與負面的效果，都是未來大陸進行政治改革時的關鍵，質言之，以縣為規模的直接選舉（包括縣長、各級人代）是否會強化區域主義？是否能強化廉政？若能跳脫於短暫激情的主權或民族主義問題，則可發現，中華民國總統選舉裡，有太多關乎中國公民文化的習題在其中，等待對民族振興與優化念茲在茲的人們，共同細心地觀察。

處在邁向二十一世紀的關口，兩岸共同在選舉制度上進行著一些空前的突破。在人數上，大陸的農村自治制度可以稱之為浩瀚而不為過；同樣台灣的總統選舉亦不因參與者個人的意圖、或制度上對權責關係的衝擊，而減損其轟轟烈烈的程度。對大陸而言，台灣這麼小，選個總統是小事，但別忘了，大陸農村更是微小，但其中選舉的推行卻被當成民族的偉業。

只要我們能在斤斤計較台灣的總統直選合不合法，能不能增加

台北在兩岸談判中的地位，會不會使台灣成爲一個獨立主權體等問題之外，也去關心影響或可及於百世之後的中國公民文化品質，則政治人物間的紛紛擾擾、熙熙攘攘，又怎麼能讓我們不用興奮的心情，去期待兩岸正同時進行的民主實驗呢？

◆有人希望中共擺出干預模樣

市井流傳著一種說法，就是中共曾想要干預台灣大選，上策是讓台灣大選中止，中策是叫李登輝總統落選，下策是使他即令當選，但是票數也不過半。有檯面上的政治人物替這些流言提出分析，某位總統候選人就曾指出，中共最害怕台灣的民主選舉，因爲它將無法面對大陸老百姓，深恐人們也會要求中南海大員，師法台北，在大陸也辦個選舉，來選出國家領導人，大概這是爲什麼中共想讓台北選舉辦不成的原因吧？無獨有偶的是，李總統於選前新春記者會上呼籲兩岸簽署和平協定，又私下派人傳話，表達緩和意願之後，中共仍持續進行軍事演習，的確有非要嚇阻大選，干預結局的嫌疑，故將更令此間觀察家確信，中共怕極了民主。

不過，只要能跳出台北自己一廂情願的悲情，人們應該可以看出，中共並不曾企圖造成台北大選的中止，甚至還不見得想介入選舉過程。眞正害怕的，恐怕不是北京，而是台北自己，台北怕的有幾件事，第一，它怕北京眞的也搞起民主選舉；第二，它怕北京表現出根本不在乎台北搞民選總統；第三，它怕北京完全不打算用行動影響大選結果。假如這三件事都發生，那麼台北自以爲了不起的不得了的大選，就沒有什麼了不起了。那在大選之後，兩岸如果眞的要會談，台北要拿什麼其它東西對北京在心理上施加壓力呢？所以，台北高層帶著百姓一起來幻想，說中共害怕這次大選。其深層的動機，不過是要營造出一個印象，好像大陸人民都嚮往台灣的制

度，一旦中共因此而怕我們，那我們就不必怕中共了。

如果我們注意李鵬在九六年一月底的講話，就可以知道，中共已經接受台灣即將舉行大選的事實，甚至還準備承認，因此而產生的總統就是台灣地區的領導人。事實上，也唯有如此，中共將來與台北打交道的時候，才有一個明確的對象。李鵬還重申，中共尊重台灣人民當家作主的願望，換言之，他已經不打算就台灣人民用什麼方法產生領導人，再空想要有所影響。對中共而言，這種思想上的寬容，其實是使它自已放輕鬆的捷徑，以後台灣人民任何集體投票行為，都變成是正當的了。唯一的但書，就是這些投票，不能片面決定到大陸人民也共同相關的事，譬如中國的主權狀態與定位。如此一來，台灣有多民主，就成了一個技術問題，而不是涉及中國未來的原則問題。

照道理，中共對於民主選舉也不全抱著害怕、拒斥的態度。畢竟大陸各級人大代表，行政官員（包含元首），自治幹部全都是經由直接或間接選舉產生的。只不過省級以上行政首長的選舉，常是同額選舉，只有得票高低的問題，還不曾發生太多次的落選風波。的確，大陸的官方或學界，對於台灣的選舉是曾提出過不少批判，不過這些批判背後的心情，大致而言，並非恐懼，而是有些懷疑，普遍認為台灣式的民主缺點尚多，不宜驟然引進大陸。中共負責政治改革的各界人士，早就針對大陸要如何辦好選舉的問題，提出百家爭鳴的看法，也有過無數次的試點與經驗推廣，其間當然也是暴露出條件不足，認識不充分，執行有偏差等等弊病，但要說大陸上因此而對台灣的民主心生恐懼，則是誇大其詞。

果其如此，那麼何以大選之前，中共的演習仍不間斷呢？恐怕演習不完全是針對大選而來的。中共演習的對象，應當是李登輝總統。兩岸關係當前最難解的心結，就是大陸上下均對李總統不再信任。照大陸自己的感覺，每次在李總統有緩和談話時，或在談判時的立場有所堅持時，中共若配合，台北方面一定不是出爾反爾，就

是藉機會得寸進尺,因此,選前李總統又有一些緩和的表態,中共為了表達對他「絕不再信」,所以不能在軍事演習方面稍有鬆懈,以免台北方面錯誤以為,中共是在對李總統正面回應,然後又出爾反爾,或得寸得尺。依此推論,在中共的邏輯裡,繼續演習起碼防止台北再有破壞統一的行動出現,故也免除了中共未來不得不在軍事上採取更激烈行動的尷尬。

台北把中共針對李總統的演習,當成是企圖干預大選,不是沒有道理的。因為唯有如此解讀,才能讓台灣的選民覺得自己脫不了身,只能依附在台北當局的領導之下,如果李總統已根本不怕,這些故意拉選民下水的市井流言,就多此一舉了。對中共而言,在不了解台灣選舉文化,又缺乏判斷機制的情況下,膽敢介入台灣選情而不擔心弄巧成拙。也就是說,坐在中南海看台北,除了用演習、評論、宣示等方法表態之外,能做的其實不多。是台北自己杯弓蛇影,才造成中共要中止或干預大選的傳聞,但只要這些傳聞會有利於某些候選人,則一定就會繼續被誇大。故當時真正干預大選的,不是中共的軍事演習,而是台北人自己的政治需要。

◆四組候選人落入李鵬的圈套

中華民國總統大選時共有四組人馬角逐,他們對統一和獨立的看法,以及對當前兩岸情勢的評估,各有千秋。當時中共隔海觀火,對於台北政壇的局勢雖然極度關切,但卻又缺乏可以使力的管道,焦慮之中有時也會出現言詞和行動上的表態,這對選情難免會起一些間接的作用。由於中共當局極端反台獨的立場,以及對於李登輝總統所採取的絕對否定態度,使選舉過程和結果,都會影響到兩岸關係,值得吾人關心。

當時在四組候選人之中,以李登輝與連戰這一組的統獨立場最不明確。從積極面來說,彭明敏與謝長廷是明顯主張台灣獨立的;

林洋港與郝柏村則最傾向於中國人之統一；而李連組的表現，可以說既有統一的呼籲，又有推動獨立的準備；只有第四組的陳履安和王清峰可以稱之為統獨中立，他們祝福所有其它三組人馬，但為了自己選票考量，刻意迴避統獨問題。

不過，為了使自己的立場看上去顯得比較溫和，前三組候選人在統獨問題上的說法，都是採用負面、消極的說詞。像彭謝這一組，就有意識地不說台獨，而用反統一作為訴求的主軸。同理，林郝的口號也不是統一，而是反台獨。最有趣的是李連這一組，他們講了很多理由反台獨，但也花了極大的工夫說明為什麼今天也要反對統一。只要陳王這一組，躲在統獨戰場之外，他們既不訴諸反台獨，也不打算反統一。可是，上述這些負面表達的風格，轉移不了一般民眾心中的刻板印象，對多數人而言，彭謝就是台獨組，林郝就是統一組。

中共在觀察四組人馬的時候，當然也受到這些刻板印象的影響，何況他們大部分的情報來源也就是台灣的媒體報導，與深受這些媒體報導影響的台灣赴大陸遊客，包括台商、學者、民意代表、文化交流團體等。所以，在中共對台工作和對台研究者的眼中，也是用台獨和統一在替彭謝與林郝定位。中共反台獨的決心是眾所週知的，因此所有不支持台獨的人，北京方面都可以接受，而且在筆者個人的接觸範圍中，感覺凡是愈堅強反台獨的人，就愈不會去區分統獨問題以外的各組差別。有一個大罵台獨的解放軍少將就告訴我，他對林洋港和陳履安能奮不顧身，為了反抗李登輝的台獨野心站出來，十分地佩服，致於林、陳二人是不是同意他的觀察，對他而言，完全不重要。

當然，中共對於彭、林、陳三組人馬的關切，完全趕不上對於李連組的注意。中共已經對李總統「完全絕望」，照一位上校解放軍官的講法，「雖然李先生天天派人來傳話」，但是大陸方面都聽聽而已，作為解放軍的立場，則「絕不再信」。由於中共已經將李

總統定位成堅定的台獨分子，因此在認識到李總統已然連任的大趨勢後，多少有些沮喪。筆者嘗在與中共台研單位的人座談時，提醒彼岸學者，李總統種種舉措，說不定真的是如他自己所說，是希望兩岸未來談判統一時，台灣能站在一個尊嚴而自主的位置。大陸方面比較緩和的答覆是，萬一李先生得到了尊嚴和自主以後，決定改走台獨了怎麼辦？比較直接的人，則批評我：「我看石教授對李登輝仍然存有一些幻想。」

　　無論如何，中共必須考慮如何對付他們眼中的台獨總統，多數對台工作的人員皆曉得大陸在這次大選中的影響有限，尤其是在看到飛彈試射的結果，對於李總統的聲望影響不大，就對於用軍事演習的方式來左右台灣選民的想法，採取保留。過去，曾有人認為，只要能用經濟、文化、社會交流把李總統困在中國的範圍之內就好了，管他心裡是不是想要統一。但這種聲音現在十分微弱。因為多數人都覺得台北官方在推動台獨的道路上，已經走得太遠了，過去所沒感受到的緊迫感，現在明顯成為大家壓力的來源。此所以即使反對用軍事手段的人，一時之間也想不出其它方法來表達問題的嚴重性，他們覺得再鬆手的話，後果不堪設想。

　　中共並沒有放棄和平的手段。在江澤民於一九九五年農曆春節發表和緩談話一週年的日子裡，中共由總理李鵬提出了對台灣總統大選的看法，其中暗藏玄機，既為將來李總統當選連任之後與大陸展開談判舖了路，也為他拒絕談判時將他孤立於全中國人民之外作了思想準備。李鵬是怎麼說的呢？基本上，李鵬將台灣人民直選的總統，當成是中國一個地區的領導人，故不能改變台灣是中國主權範圍之內的事實。不過，李鵬強調，中國主權是屬於十二億二千萬包括台灣同胞在內的所有中國人的。他警告台灣某些領導人不要藉機搞兩個中國，最好趕快回到一個中國的立場上來。

　　李鵬事實上是承認了這次大選的合法性，故如果李總統獲選連任，他也就是中共認可的台灣地區領導人。既然是地區領導人，則

這次大選就不會被定位成台獨活動的一部份,此所以國務院和中共中央的台灣辦公室,在李鵬談話的次日,就提出要充分尊重台灣人民當家作主的願望與推動民主政治的要求。中共這一連串的詮釋,等於是為李總統連任後與大陸談判舖了路,畢竟中共已經決定接受台灣人民自己選出來的人做他們的代表,而且,既然只是地區代表,則中共自己的代表在和李總統接觸對談時,就不能視為是對台灣獨立主權的承認。

但台北官方與學界對李鵬的講話大加韃伐,指李鵬企圖將台灣矮化成地方政府,而且想否定台灣的民主。這些評論太過偏頗,忽略中共的意圖。中共這次講話,其實完全承認了台灣的民主選舉,故符合台北所主張的「兩岸分治」。再加上新華社特別說到中國屬於十二億二千萬人,幾乎是呼應台北提出的「主權共享」原則。而且,顯然是擔心台灣人民會覺得彼矮化,李鵬故意用「地區」領導人一詞來定位大選選出的總統,迴避了「地方」這樣的說法。事實上,「地區」一詞也是台北率先採用的。台北為了對抗中共的「一國兩制」主張,而設計了「一國兩地區」的提法。李鵬的講話,巧妙地同意了這個「一國兩地區」的用語,而又不直接地用這個詞,則中共方面也可以保留餘地。除此之後,李鵬也避提中華人民共和國,滿足台北要求的「一個中國,各自表述」原則。

由於台灣官方和學界沒有讀出,李鵬提的觀念全都是來自台北的,使得大家在一片「了無新意」的謾罵聲中,掉進了北京早就設好的圈套,那就是,假如台灣不是中國的一個地區(另一個地區當然是大陸),台灣人民也拒絕與十二億大陸人民共享中國主權,則台北官方推銷的「一國兩區」和「主權共享、治權分立」就都是騙人的,對中共而言,這就是台獨的證據了,而解放軍等這個證據,已經有些不耐煩了?

中共大概也不會因為台北官、學兩界不知情地在打自己嘴巴,就立刻發動飛彈攻勢。在大選期間,中共還藉由各種途徑,傳送多

次訊息，一方面將大選之後兩岸談判的大門打開，表示歡迎兩岸代表人物，以兩個地區領導人的身份見面，另一方面，也把所有其它的門都關閉，使得所有拒絕接觸的作法，都定位成台獨，在這個策略之下，即使由彭謝組獨得勝利，中共恐怕都可以接受為談判的對象。換言之，李鵬的談話，和兩個台灣辦公室的補充，已經使中共超越了過去那種只看別人心底意圖的作風，現在中共不再關切李總統心理是不是想搞台獨，只要他肯在行動上開放二千萬人去和十二億人共享中國的主權，他還是可以獲得積極的歷史評價。

台灣今天的問題，不是中共的打壓，而是我們自己拼命想找人來打壓自己，所以，即令李鵬處處牽就，拐彎抹角地回應了一國兩區的建議，我們不但讀不出來，反而還自作聰明，以為揭穿了中共矮化我們的陰謀。好像假如看不到這樣的陰謀，我們反而還會不安，因為我們過去數十年都靠著中共的打壓來認識自己。李鵬對我們最大的威脅，不是中共要繼續打壓，而是他想告訴人們，他現在願意用用看我們的講法，沒想到，大選中的四組候選人同聲批判他，這就說明了這次大選所反映的民情了。不管是主張反統一或反台獨的，所有候選人不自覺地都必須否定任何來自大陸的訊息。矛盾的是，這種麻木不仁可能正好是解放軍最希望看到的。

◆李鵬把總統直選與台獨脫鉤

中共總理李鵬針對中華民國總統選舉表示，這次選舉只能產生「中國一個地區領導人」，故不能代表中國主權的改變。

表面上，李鵬的講話，否定了台北方面企圖藉由總統直選建立獨立主權的願望，不過其中也透露出值得玩味的訊息。

首先，李鵬認可了台灣地區人民選擇自己領導人的正當性，這固然符合一國兩制的主張，但同時又表現成對台灣人民所作選擇的

接受。

　　其次，他等於承認，用直選所產生的總統，就是台灣地區的領導人，使得中共一再呼籲兩岸具有代表性人物會面的主張，有了對象。

　　再其次，既然這個對象只被看成是區域領導人，則兩岸爾後安排領導人見面，在中共來說，就不存在兩個國家元首見面的含意，故是在為此一見面舖路。

　　最後，假如直選行為本身不被看成是台獨行徑，則將來台灣進行任何公民投票，即使涉及主權問題，都只能是區域性的意見，中共不必在乎。

　　換言之，李鵬的談話，是中共方面在把台灣的投票方式、議題、人選，和台灣的獨立主權主張脫鉤，如此一來，縱令選出的人反對統一，或公民投票不支持統一，在理論上都不算代表包括台灣人民在內的全中國人的意見。這個結論看來很矛盾，但是卻使中共有了較大的決策彈性，不需要聞直選、公投而色變或非大動干戈不可。

　　但是，中共沒有想到的是，像這樣在理論上處處設防，擔心台灣人民會利用直選或公投來搞台獨，所反映出的心態，是中共自己與台灣人民是站在對立面的，否則任何台灣地區人民的意見表達，都應該歡迎才是。

　　如果中共領導胸襟再寬些，就應該同時表示，大陸地區的領導人也不能代表全體中國人，這樣才能徹底將直選與台獨脫鉤。

◆中共不承認台灣大選的理由

立委選戰結束，總統大選謝幕，面對中共文攻武嚇，兩岸關係的解凍契機何在，值得三思。此刻，吾人宜先了解大環境的限制和我們自己的壞習慣，才能化解兵戎相見的危機。

最關鍵但卻常受忽視的大環境，是中共面臨的世界格局。當今世界瀰漫著焦慮，美國在蘇聯集團瓦解後，亟須新的敵人，於九〇年代初期先提出涵蓋台灣在內的「大中國區域」概念；既而發展成所謂的「文明衝突論」，逕指中國的儒教將挑戰西方；最近則演化出「中國威脅論」，建議要圍堵中國，以遏止其軍備擴張，消滅其異端文明。

中共要不要防衛所謂的「大中國」呢？如果不要的話，中共就是弱者，等於是延請西方來和平演變中國；如果要奮起防衛的話，就變成西方期待的「中國威脅」。故無論中共怎麼做，都是輸家。結果，它寧願作個威脅，也不肯被動地待宰。

而中共內部更是神經緊張。蓋在文化大革命之後，社會主義認同破滅，靠鄧小平「中國特色」式的改革在撐場面。「中國特色」的說法沒有具體內涵，故在鄧小平去世後將無所依附。這種不知中國為何物的恐懼，又因為當前改革開放政策大量引進西方文明，而更無已復加。於是，把中國當成西方帝國主義的對象、受壓迫者、被顛覆者的想法，滿足了中共理所當然的心理需要。既然是被害人，則中國為何的根本疑問，就可暫時迴避。

中共現在把台灣看成帝國主義顛覆中國，試探中共的橋頭堡，故收復台灣就等於是控制帝國主義。但為了表示中共對西方不是威脅，中共仍希望台灣自動來歸。這個又要把台灣看成敵人，又希望台灣是自己人的心態很矛盾，卻不是當今領導班子自己造成的，當然也不是台灣能改變的。

所以，當中共說不承認台灣大選的合法性時，另有其深意，一

方面，這否定了台灣用西方選舉制度來建立主權地位的作法；但另一方面，也暗示在大選後兩岸可以談判！因為，只有在總統不是合法主權代表的情況下，中共才可以和他談。換言之，中共急急宣佈不承認台灣選舉的合法性，其實是暗示願意在選後儘速談判，也等於間接地請各組總統候選人早作準備，順便測測他們是否反華。

但台灣卻還沒準備好。台灣和大陸一樣面臨集體認同的空洞化危機，因而也在找敵人，就找到大陸。致國內三黨都需要兩岸間存有一定程度的衝突：執政黨可藉以要求鞏固領導中心，轉移視聽，建構內在敵人；民進黨則藉以凸顯台灣獨立於大陸之外的訴求，推銷大聯合政府以能入閣；新黨則藉以批判中共，澄清它是中共同路人的質疑。沒有一黨有心情體會中共所送出的痛苦訊息。

中共表面很兇，也不講理，但心理暗自期望台灣能給點面子，好讓它不動一兵一卒，可以光榮地、和平地反帝國主義。台灣表面勇敢，但竊竊乞求大陸給點面子，好對國人有個交待，不過，大陸的大環境不是中共能左右的；相反地，台灣最高領導人起碼在此岸仍可呼風喚兩。

兩岸與中國人的前途，其實是能夠有所掌握的。有這麼大的責任與影響力的人，不僅能帶台灣人走出去，而且能帶全體中國人走出去，千萬別讓其它人把機會搶走，就太可惜了。

◆當前中華倫理在兩岸的衰敗

兩岸文化交流在今天尤其重要，不單是海峽兩岸的人，在隔絕了數十年之後，發現彼此原來就存有共同的文化根源，甚至兩岸面臨同樣的困擾。更重要的，還有一個功利方面的考慮，就是很多朋友和教授都討論到的，兩岸目前所碰到的一些政治障礙。面對這些政治障礙，大家都感到非常的無奈，可能不是任何人靠個別力量或

局部努力所能夠解決的。但是做為學術界的一員，即使我們擋不住兩岸已經不可避免地朝向危險的深淵滑去，也應該考慮，在兩岸衝突之後，我們要如何來重建，如何來拯救自己。

過去幾年來，在李總統的領導率領之下，台灣地區的老百姓已經在國際上建立起一種相當的自主性和尊嚴性。假如因為兩岸目前的危機而造成戰爭，其結果當然就是，好不容易建立起來的自主與尊嚴都會付諸東流，未來百年中，台灣人民都將會在中國的範圍之內，做為一個次等的公民，因為他們是被征服的。今天，做為一個在台灣的知識分子，重要的是能夠從整個中華文化發展的脈絡裡，重新思考，讓台灣地區的人民，能夠對於整個中國文化的重建盡一份努力，做出一份貢獻，使得台灣人的尊嚴，不會因為已經避免不了的終極衝突，造成未來百年的悲哀。這是討論兩岸文化交流所必須抱持的心態。

今天兩岸文化交流最深刻的問題是，此岸與彼岸共同面臨到市場經濟的發展與社會加速流動，兩岸中國文化和傳統倫理同受衝擊，社會上出現非常多的亂象。我在大陸中部一個比較深入的地區與農民聊天，聽到了農民關於大陸社會發展的一些感想，他們認為，今天大陸上社會的亂象與政治的不清明，之所以到今天這個地步，實在中國共產黨雖辭其咎，講穿了就是上樑不正下樑歪，社會不清明反映了政治高層的不清明，我們回想一下台灣的社會，或許也會覺得碰到同樣的現象，主要也是上層的政治人物不清明。

今天在大陸上有北京的副市長，犯了這麼多的貪污罪，結果舉槍自殺身亡，而有人又要辦陳希同市長，辦到現在卻辦不下去。這是不是讓全大陸的老百姓，都開始感覺到中國共產黨的文化是有問題的？再回頭來看台灣的情形。每次立委選舉，表面上抓賄選抓的風聲鶴唳，結果最後被提出來起訴的，通通是落選的！這是不是代表著我們兩岸的社會，都面臨高層政治倫理崩潰的困境，而高層政治倫理的崩潰，又不是反映整個社會結構，倫理、文化、傳統受到

衝擊。

　　表現最凸出的一點是中國人在世界各地竄流。大家時常講到的是大陸農村的農民竄流到城市裡，成了沒有辦法管理的「盲流」，好聽一些，叫他們「民工潮」。他們離鄉背井，把家裡的田地交給老弱殘兵來照料，老弱殘兵沒有辦法法組織治安的保衛隊，造成外省來的各式各樣犯刑的人，通通躲到農村而沒有辦法治理，等到問題發生之後，公安還可能私了，造成了很多的民怨。

　　不單只有下階層農民的竄流，另外造成整個家庭倫理或社會規範破敗的，還有高級的流民，像來自中國整個範圍的高級流民，正往世界各地去，其中包括台灣的商人往大陸去，同樣是造成家庭倫理的破壞。在大陸沿海城市所見到的台商，身邊多半都帶著非常年輕的小女孩。很明顯的，台商是往大陸的高級流民，形成對台灣地區的中國家庭倫理非常大的衝擊，表現為「一國兩妻」的現象。

　　同樣重要的是，大陸的高級知識分子今天如果到了海外，也想盡辦法留在美國、丹麥、以色列、澳洲等地方。為了要留下來，他們必須和自己的家裡切斷關係，這樣才能夠在當地找到新的配偶，留在當地。大陸的高級知識分子造成高級黃禍，跑到世界各地去，為了追求自己個人的幸福，卻進一步造成下一代的優生家庭的破碎。

　　全世界的中國人碰到的同一個問題，就是快速的社會流通與高度的市場發展，正在對兩岸的家庭造成根深蒂固的破壞。

　　今天兩岸文化交流要有出路，台灣的人民等到未來不可避免的衝突之後，要想重建自己在整個中國文化範圍之內，甚至在整個世界的文化範圍之內的尊嚴性與主體性，就必須好好地回過頭來，對中華文化所發生的問題認真檢討，而且要與大陸上的有識之士，有為的知識分子，聯合在一起，認真地檢討；到底中國文化出了什麼樣的問題，中國的小孩子、小學生，應該讀什麼樣的教科書，今天日本傳來的卡通，有哪些是好的我的可以看，有哪些是不好的，我

們不應該看，我們要開始處理一些實際的、具體的文化交流方面的問題。而這些問題，卻不是今天在討論文化交流的時候，人們所會提出來的。

台灣地區人民所看到的文化交流問題，都是一些技術性的，戰術性的，科技性的，只看到交流的途徑，交流的管道，法律上的準備，而沒有考慮到交流內容的本身，事實上才應該是聯繫兩岸最關鍵的所在。

除了市場經濟的發展與社會高速的流通，已造成對中華倫理的破壞之外，另外一個很關鍵的問題，就是中國人在世界國家體系之下，怎麼樣建立自己的公民文化。今天，兩岸公民文化都出了很大的問題。在大陸的公民文化，出現凡是以國家名義來做事的時候，就用動員的方式，到農村去掀起高潮。事事要搞典型，樣樣要搞試點，拔苗助長，很多事情都是搞表象，往往下面出了問題不敢跟上面講，這種公民文化，是要求公民完全臣屬於國家，像這樣子的一個公民文化，在今天講求公民獨立自主的民主世界潮流裡，怎樣轉型，怎樣承接，怎樣與中華傳統文化來聯繫，都是我們應該好好考慮的。

同樣的，今天在台灣的公民文化也出了很大的問題，我們所一向標榜的民主自由，被政治人物拿來當作政爭的工具。台灣的公民文化，完全沒有像我們所自以為是的那樣，已走進世界先進的民主政治制度。西方所謂先進的民主國家，有多少個是在靠地方派系、靠動員、靠賄選，然後靠黑道和金權？今天我們真的要講民主的話，可能還是要走一條符合中國人集體文化的道路，而不只是把民主當做一個政治鬥爭的工具，用來向政敵來挑戰。

兩岸的公民文化都出了問題，或應該說，兩岸都從來沒有過好的公民文化。在建立公民文化的時候，要走哪一條路子？也是兩岸的中國人應該攜手起來好好思考與實踐的一件事。

今天講文化交流，如果能讓兩岸的知識分子，超越汰蕪存菁這

樣的高論，坐下來好好寫一本讓兩岸的小孩子都能讀的倫理教科
書，檢討一下中國人公民文化是怎麼走到今天的，也許是我們推動
兩岸交流，促進兩岸和諧，保護台灣人自主性和尊嚴性的一個起
點。

◆差點騙到自己人的大陸政策

　　大選之後，大家都曾期待李總統的五二○講話可以突破兩岸僵
局，台北當局自九六年四月上旬開始，拼命希望扭轉這種印象；一
直到五月中旬由李總統親自出馬，先宣傳江澤民地位不穩，繼而表
示「大陸政策新提案」要等以後再說，到就職前夕進入高潮，逕自
表示中國在他有生之年統一不了「沒關係」。人們不得不問，台北
大陸政策發生了什麼轉變。

　　大選之前，總統多次暗示，選後兩岸政策將有突破性發展。但
中共的軍事演習改變了國際關係，也打亂了台北的政策設計。原先
的構想，是希望抬高大選得票率，並配合務實外交之進展，使總統
能以獨立主權者的姿態，與大陸見面。不過，因為中共與美國之間
的軍事昇高，竟造成美國對台北施加壓力，華盛頓希望台北能與北
京談，一來打消北京再訴諸於軍事的動機，二來反正在美國支持之
下，台北又不必對北京讓步，如此維持兩岸不統不獨現狀，符合華
盛頓的戰略構想。

　　但台北不願意在沒有外交突破的條件下去談，蓋看上去會像是
投降；可是又沒膽量向美國說不，於是被迫在大選之後，重新設計
大陸政策。既然不能用務實外交活動證明自己不怕北京，台北心裡
上已不能坦然面對彼岸，則只好想辦法表現成好像要談的樣子，一
方面讓北京找不到理由昇高緊張，另一方面安撫華盛頓的焦慮。當
然，台北同時又必須設法讓北京自動拒絕與台北談，這樣才能在美

國不怪台北的情況下，不需要眞的面對北京。

於是，台北說要先恢復辜汪會談才可以，等於告訴北京，你這半年全白搞了！又說台北在「追求」一個中國，讓北京聽了只能生悶氣，卻無言反駁！然後，在五月上旬開始，將政府中英語最好的幾位部長及官員，和官方或親執政黨智庫的主持學者，送往歐美大量地做宣傳工作，主要就是要表現得很和平，想談判，可惜中共不肯（因爲北京怕台灣的民主，又窮兵黷武云云）！

這種爲了安撫美國，並計誘大陸拒絕與台北會談的政策，可能會讓國內人民誤以爲我們眞的要和大陸談，故必須又在國內沖淡這種氣氛，當陸委會無法完成降低期待的任務時，由總統親自出馬，是再自然不過的事了，只要中共不要再發脾氣，美國也不要擔心捲入過深，李總統的心戰，一定可以成功。

◆大選之後大陸政策賣乖裝傻

台北大選落幕，中共鳴金收兵，一時似乎形勢大好，但這其實是人們一廂情願。

咸信安排兩岸重開談判，不過是面子問題，雙方各讓些步就好了。台北政策單位已大力配合，一口氣放寬進口，擴大入境配額，提高互訪層次，並敞開政治協商之門。

詎知面子問題的階段已過，現在正進入羅織罪名的階段。中共戰史顯示，戰略上絕無奇襲，一定要備妥充分的理由；戰術上則必搞奇襲，讓對方以爲自己叫叫而已。

現在中共故意設計台北，叫我們回到一個中國各自表述的立場，不料台北不反擊，還賣乖，指中共才違反一個中國各自表述。

台北所謂各自表述，乃是不談一個中國，要談就得接受台北關於分裂的表述。中共則主張雙方見面時只講一個中國，回家再各自

詮釋，彼此不否定對方的詮釋。

此所以北京近來絕口不提中華人民共和國，僅說反對兩個中國。倒是台北一再堅持，一個中國就只能是中華人民共和國，並想用承認後者來證明前者的破碎。

可見，台北的協商大門是向東開的，北京若不透過華盛頓或東京來見台北，就是反對分裂現實，牴觸了台北的各自表述方式。

台北為幫務實外交開脫，拼命想恢復辜汪會談。對中共而言，如果就此回到李總統訪美前的狀況，無異承認訪美行不算搞分裂，飛彈打錯了。但中共竟仍不動聲色！

台北建議簽和平協定，就像當年懲越戰爭時，在中共達到目標片面撤軍後，越南竟想先設個邊境非軍事區，擺明是要北京承認自己白搞一場，難怪後來戰火重燃，征伐多年。

中共下來將欲擒故縱，不再只顧面子，以誘台北錯估形勢，揚揚得意而原形畢露。好在台北高層膽大心細，不會被逮到把柄。

第 7 章　台海兩岸的戰爭危機

◆塞內加爾不過是第一個戰役

　　台北宣佈要與塞內加爾建交，在外交部長剛說過外交政策應從屬於大陸政策之際，此一建交活動代表什麼意義呢？

　　首先，這表示外交政策必須要服務於大陸政策，故一般人誤以為如果外交政策位階低，就應該要以兩岸和平為重，這顯然是錯讀了政策的本意。事實是，為了要讓中共認清台灣已經是獨立的主權，大陸政策決策當局已要求在外交上全力突破，故曰，外交政策位階低於大陸政策。

　　照這種設計，只要一方面李總統贏得大選，另方面又能獲得更多外交承認，則在內外都強化了主權的條件下，總統去與對岸談判時，就可以雄赳赳、氣昂昂。此外，因為外交上的展獲，也可以幫總統證明他不怕中共，甚至還能突破封鎖，所以兩岸的談判，對他而言，就不能算城下之盟，也非叛國之舉。

　　總統一再暗示，選後將與中共談判，追求和平相處。這點中共已經知道了，不過它卻說要觀其行。但它第一個要看到的，竟是台北加強外交攻勢。中共不知道的是，外交突破係台北用來下台的手段，下不了台的話，怎好和中共談？中共將會以為，台北要藉國際力量來逼和，假如中共相應了，豈不表示它以前打飛彈都白打了，

而且還得屈服於國際勢力之下？中共的面子就垮了。

可見，外交政策位階較低的說法，是要讓外交人員不顧一切打頭陣罷了，塞內加爾則是第一個戰場，第二個戰場在哪裡則莫測高深。不過，最後一個戰場一定會回到台灣海峽，則無庸置疑。

◆誰是中國民族主義的眞對象

兩岸關係的主軸，是大陸在民族主義方面的需要能否得到滿足。這個定律，仍將在一九九七年決定著兩岸政治的基本態勢。由於大陸的民族主義情緒，是同時取決於大陸本身的內在狀況，世界局勢，與台灣在大陸政策上的表現，因此，要了解兩岸關係的大趨勢，就不得不先對上述三種因素作分析，不過，因爲主導的是民族主義，所以前三項因而只能視爲民族主義發生的環境，而不是民族主義的內涵。

首先，是關於大陸的內在狀況。自從大陸進行改革開放以來，社會主義的本質爲何，已經益見模糊。改革的總設計師鄧小平，揭舉了中國特色的總方針，要求人們從實際出發，實事求是，並重申了他一向篤信的「貓論」，即能抓耗子的就是好貓，而不問是黑貓或白貓。鄧的改革風格，是所謂「摸著石頭過河」，故並不強調意識型態，因而後來發生「姓社姓資」的辯論時，鄧親自拍板，指出不搞改革就下台，平息爭論，並將改革進一步定位在社會主義「市場經濟」的曖昧口號上。

不過，不可否認地，無論是社會主義或中國特色，都沒有一個具體的內容。所謂中國特色，只是鄧的個人特色，沒有鄧小平的話，中國特色這種沒有具體內涵的現象，立刻會引起人們的焦慮。換言之，在鄧小平的風行草偃之下，人們可以即興發揮，調動個體積極性，而不必擔心任何意識型態或政治上的騷擾。所以，來年大

陸上最值得觀察的，是在鄧後的時代裡，人們將頓失那個中國特色賴以依附的對象，則原本可以放手而爲的各種即興發揮，還算不算是中國特色，就變成了一件沒人敢負責的事。

在九〇年代初期以來，第三代領導人逐漸接班。雖然他們之間有一個共識，即大陸絕不能亂，因此對於在鄧後如何維持和諧的政局，是所有體制內的既存勢力所共同關切的事。然而，的確沒有哪一個具體的領導人物，能夠享有全面的威望。也就是說，沒有任何一個人能夠以自己風範，來決定中國特色的內容，在這種情況之下，任何風吹草動，都會引起人們相互觀望，企圖找到一個最安全的，即最保守的位置。

果然，從八九天安門民運受到鎮壓之後，除非鄧小平開口講話，中共整體的對外姿態多傾向於保守。九〇年代此起彼伏的民族主義情緒，即爲明證。到了後鄧時代，當社會主義與中國特色的認同風兩飄搖之際，唯一能讓大陸政治領導人掌握大局，維繫人心的，無異就是民族主義。民族主義表現的型態，基本上有兩種，一種是以受害者姿態出現的被犧牲情結，另一種是以擴張爲基調的征服心態。當這兩種型態的民族主義結合時，表現得最爲誇張。

第二個有關於民族主義環境的因素，就決定了大陸領導人的受害者意識，亦即世界局勢。衆所周知，自從東歐與蘇聯社會主義政權崩潰以後，以美國爲首的西方陣營刹時失去了對象，也因而對於後冷戰時期的新秩序，感到空洞。結果，西方理論界首先提出了「文明衝突」論，將中國和回教世界劃分成了與西方對抗的衝突來源。接著，就提出赤裸裸的「中國威脅論」。把中國大陸的政治、經濟、軍事潛力、看成西方面臨的世紀危機。這些理論，隱藏了西方的種族偏見，也提醒了大陸上的中國人，原來自己仍是在世界文明範圍之外的異端。

「美國優先」或「愛國主義」之類的口號，在美國社會中正喊得震天價響；對二次大戰要重新詮釋，並力圖重振民族雄風的工

夫，更在日本政界儼然形成一股澎湃的暗流。像美、日這樣在觀念上對大陸的文明地位或歷史角色的挑戰，已經構成了大陸民族主義爆發的外在條件。對大陸而言，這些民族持續受害的感覺，今天已集中表現在美、日政界若干勢力對台灣的圖謀中，而台灣的反應，就成為當下大陸民族主義的關切重點。

本來既是受害的感覺在悖動，所採取的姿態應該是守勢，但現在大陸領導人所要守住的，竟然是原來就不曾受過中共控制的地方，那就是台灣。如果台灣表現得有強烈意願要守住中國人的立場，不受到美、日若干力量的鼓動，則中共與台灣之間，就不發生在民族主義方面的矛盾，那麼中共對於美、日的民族主義式指控，就不會將台灣牽連進去。相反地，假如台灣在相當程度上，正面回應了某些美、日勢力不懷好意的口頭分化，則台灣就成了大陸民族主義亟欲控制的地方。如此一來，受害者的守勢民族主義，就和征服者擴張型民族主義結合了。

可見，台灣的大陸政策動態，對於大陸的民族主義表現風格，起著相當的作用。當然，台灣的大陸政策反過來也受到當時大陸民族主義情緒的制約，並受到台灣內部政經發展的影響，因此並不會完全因為台灣個別政治人物的動向而改變。

台灣的政治風格背負著日本殖民時期的遺留，也受到冷戰時期美國文化輸入所衝擊，這兩點決定了大陸的民族主義者對台灣的不信任與蔑視，也就造成在台灣的人要極力拒絕以一種次等公民的身份，進入中國文化範圍的心態。這在台灣的表現，就是高舉本土化的旗幟，以求建立台灣在大陸之外的政治、經濟、文化主體性、類此主體性的訴求，強固地規範著台灣的大陸政策，也將持續促成一九九七年以後的兩岸緊張氣氛。

但另一方面，台灣作為一個移民社會與商業社會，性格上不可能放棄大陸在改革開放之後所爆發的市場潛力。大規模的，曾經支持本土化訴求的台灣企業家，接踵往訪大陸，探求商機，移轉資

本。本土企業家大陸化的傾向，在九〇年代中期已經沖淡了台灣大陸政策中的對抗氣氛，使得全力站在台灣主體位置的人，在拼命推動台灣開拓外交空間，遭到大陸全面抵制時，不得不感到一種孤立的寒意。

故台灣的本土政權將進一步繞過大企業，訴諸草根的本土勢力，以便繼續鞏固主體意識。如此，就在台灣內部出現了緩與緊兩種大陸政策力量。這種大陸政策上的循環起伏，提供了美國與日本力量得以使力的槓桿，也讓大陸的領導人心頭七上八下地解讀台灣政情，時而有所期待，時而感到憤慨。在幾上幾下的折磨之後，終於耐心喪失，若再碰上大陸內部的認同受到挑戰的話，民族主義的情結，勢必強烈。只有以前在鄧小平神智尚清的時候，才能平撫衆人強作憤怒，卻又無法控制自己的無可奈何。

鄧小平過世之後，中國特色無所依附，唯一能取代的，就是民族主義。而西方勢力基於自己心靈上空虛的焦慮，而選擇了中國作爲下一個時期敵對的對象，則又是大陸領導人所改變不了的殘酷現實，民族主義勢必會主導中共領導人物在二十世紀末的大傾向，而台灣的大陸政策，將是一九九七年之後兩岸關係的關鍵指標，因爲它將考驗世界上最大的民族主義，能不能忍住一時的氣憤，或忍不住的時候，要在哪裡發洩。

◆主權迷思讓中國人抬不起頭

關於「一個中國」的話題近來又浮上檯面，先有台商轉述海協會汪道涵先生的話，謂一個中國是文化與歷史的，接著有國台辦官員重申，一個中國必須是主權的中國，日前唐樹備則再度嚴斥台北企圖分裂中國。相較於台北所講的歷史與文化的一個中國，中共所稱的主權中國到底有沒有道理呢？

　　也許中共自己都不相信，中國人接受主權的概念，其實是上了帝國主義的當。傳統的天朝原本沒有主權概念，故皇帝的道統放諸天下皆準。後來滿清與西洋帝國主義屢戰屢敗，讓出各種條約權利時，還以爲是一種羈縻手段。等慢慢學到，羈縻的作風乃是西方人眼中的「喪權辱國」行徑時，才意識到自己可以用這種西方泊來的主權觀，排除帝國主義對中華文明的侵犯。

　　但中國人接受主權國家的歷史，是步著西方一項委婉而不自覺的殖民陰謀在走，由於西方文明在中國文化面前，表現不出其高尚優越的地位，所以西方人自詡的先進位置，只好在主權世界裡表達。的確，中國人一旦接受了主權觀，則中國文明的悠久內涵就不重要了，蓋中國在世界上，只不過是個平凡的國家，更要緊的，中國人是以一連串的戰敗身份成爲主權國的，所以從一開始，就倍感自卑，低人一等。

　　中國變成主權國家之後，有其內、外效果。對內，中國的主權範圍涵蓋了各種殖民者的文化工程，包括台灣、廣東、上海、青島、大連⋯⋯等等。使得帝國主義的文明力量成了中國內在的一部分，種下了日後中國分裂的因子。爾後中國人只要高舉反帝大旗（無論是反帝或反日），都不能不對中國之內曾受帝國文明影響的人，風聲鶴唳地鬥爭與壓迫，故每次反帝，都耗損中國本身的元氣，造成內傷，致中國成了一個有排外名義，卻難以對抗帝國主義的次等主權。

　　對外，中國人以爲只要用愛國主義鞏固主權，就可以保障中華文化。但人人都知道中國國力不足，故民國以來，反而外國人常常比中國人更能保護中國主權。而中國政治人物多半依其背景，各自找一個帝國來相援，造成各國都競相爭利於中國的局面。致作爲主權國家的中國，永遠抬不起頭，中國主權不但不能保護中國文明，反而因爲全力角逐於主權世界，使傳統文明益加不相干。

　　中共今天的沮喪與焦慮可以在此體會，蓋它所劃的主權範圍之

內，存在各種帝國主義留下的文化工程，主權只能擋住美、日帝國明目張膽地進來，卻擋不出內部的殖民工程者主動引入原來的母國勢力，如此更迫使中共瘋狂地維護主權，造成內部這些殖民遺老人人自危，更要找前母國人士來拯救自己次等中國公民的窘境。

台灣只是這個惡性循環的當代範例而已。西方用主權概念加於中國，保證了西方勢力永遠存在中國主權範圍之內，如果中共執意於這種西方帝國主義的主權觀，就永遠丟不掉它的次等地位。中國必須是一個歷史文化概念，才能夠長久遠大。否則在主權概念裡，敵人永遠存在中國的內部。

台灣的中國人，雖然有的也堅持這種歷史文化觀，但可惜其目的多是想建立台灣自己的主權地位，走的正是近代中國的覆轍，故一定也逃不過自己作為次等國家，國家之內有來自大陸的次等公民定期反彈的命運。可見，不論大陸與台灣如何反帝或反華，他們用的主權口號，已經註定了我們永久的次等國家與次等公民烙印，厥為主權中國。

◆民族悲劇與民主丑劇的競賽

美國人一度替中共傳話，說兩岸談判時，國號、國旗、國歌都可以談；台灣加入聯合國的事，也可以談。當時台北立刻回話，說兩岸之間爭的是制度，不是旗歌之類的問題。表面上，兩岸中國人好像很寬大，或很有理想；但說穿了，彼岸演的是一齣民族悲劇，此岸則在演一齣民主丑劇，不得不令人感嘆文化的頹廢。

中共同一時間剛剛才把魏京生抓起來，控訴他從事間諜行為，私通外國；另一方面，軍方執意要試爆核彈，傷透了愛好和平的廣大世界人民的心。照中南海的想法，這些動作為的是反抗帝國主義，振興民族。嗚呼中華民族，在對內鎮壓與對外抗爭之下，如何

振興？直是悲劇。

此岸有些人則大談民主法制，以為台灣搞選舉，就比大陸先進。台灣的選舉選出的是黑道、金牛，只能看見抹黑、暴力，但看不到任何值得稱頌的事。唯一讓人自以為是的，大概是台灣採用了選舉的形式，不靠流血革命或武裝政變，但假如除了形式之外，沒有任何一點好結果的話，我們的驕傲是怎麼來的呢？

原來，選舉是西方傳來的制度，在「凡是西洋的都是先進的」心態下，雖然我們只學到形式，卻還很得意。一言以蔽之，我們搞民主像是穿西裝。的確，社會上很多人，一穿上西裝，就以為自己高人一等，瞧不起馬掛長袍或中山裝。

偏偏我們很多人真的相信，台灣有了選舉形式之後，就比大陸先進了。於是有人對大陸挑釁，問大陸敢不敢辦選舉（竟不知大陸已經辦了好幾年選舉，而且越辦範圍越廣，層次越高了？）其實，台灣的選舉，迄今停留在政治鬥爭、族群分化、與階級壓迫的階段，根本稱不上什麼民主制度，否則為什麼大家只談動員，造勢之類的事，而不談制衡、監督。

更妙的，台灣號稱的民主與人權，是只及於特定人群的民主與人權。因是之故，台灣官方對於魏京生被抓的事沒有任何立場，反而還因為大陸作了違反人權的事而竊喜，剛好用來證明大陸與台灣制度不同，所以不能談統一。同理，當年上好漁船因延遲入港避颱風淹死了十個人，台灣硬說不是人權事件；又比如，兩岸人民關係條例可以任意限制人民基本人權而沒有任何救濟程序。假民主與假人權莫此為甚！

台灣推動大選。中共看到台灣人高舉著西方的選舉形式，覺得既可笑，又擔心。好笑的是，這種選舉一點兒改不掉中國人的內鬥、濫權、營私本性；擔心的是，台灣卻用著西方的制度作為不統一的藉口。這種穿了西裝來反華的作風，一定讓中共那種不正常的民族主義更扭曲，更難緩和帝國主義攫取台灣的夢魘。

兩岸中國人彼此瞧不起，即使要接觸談判，也解決不了大家的政治精神病。台灣的假民主，是此岸的精神病根；大陸偏妄的民族情緒，是彼岸的精神病源。希望有一天，大陸也出現大批黑道，大量金牛，大概就是制度的統一了，否則，難道要靠穿了西裝的台灣人去反西洋人，才能談統一？

◆兩岸危機恐怕不是因為誤解

許多人相信，中共領導對台灣的情況太不了解，當前兩岸的危機，大部分就肇因於誤解，如果能讓大陸的決策階層來台灣走走，可以有助於兩岸緊張的緩和，這種看法值得商榷。

今天中共最氣不過的是李總統，照我們單純的想法，只要中共領導能親眼看到台灣民眾對總統的支持，而且能親身體察台灣特殊的歷史背景，就不會像今天這樣，屢以軍事演習相逼。

易言之，我們希望中共知道，李總統的行為與政策其實情有可原。問題是，對中共而言，李總統有些作風是代表日本、美國帝國主義的陰魂不散，中共心中的恐懼，不但不會因為知道了李總統的想法其來有自，而給予同情，甚至還會由於發現自己已經改變不了李總統，而更加焦慮。

我們所犯的錯誤，是把彼岸情感上的仇恨與憤怒，當成了一個認識上的問題來處理。如果中共對李總統的批評，是出於對總統個人的誤解，那只要多介紹總統個人的背景，就可以化解。

可是，今天的癥結，是帝國主義的重現，李總統只是一個代理而已。所以，問題已經不在總統個人，而在於中共心中的帝國主義陰影，是否真的已經揮之不去。

筆者過去也犯過同樣的錯誤，在與中共軍方研究人員見面時，花了太多力氣解釋，日本殖民統治與美國戰後援助，對台灣與對總

統的影響爲何。最主要的忠告是，中共必須承認，在中國歷史之下，一定會出現像李總統這樣風格的中國人，如果中共否定總統是中國人，那又何必以中國人的標準要求他？

不料，在露出完全理解的神情之後，這些人的反應是，「當初人家把你們變了，沒講過什麼道理，今天要把你們變回來，也就不能講什麼道理！」簡言之，大陸最終的對象不是李總統，而是帝國主義，偏偏台灣的歷史背景，不偏不倚地嵌在帝國主義的板機上。

現在還想要靠增進相互理解的方式，來緩和兩岸緊張，恐怕適得其反地會逼中共回到他的夢魘，而更可能作出狂野的動作，這就是「武力保台」論的深層緣起。

作爲人民，我們能體會李總統看似挑釁的舉止，也知道其有歷史的淵源；我們更能看懂中共的反應，同樣認識到那是歷史的必然。於是一種發自內心最深處的無力感，正在台灣的政治、經濟與社會各層面，表現成了不要未來的賭命作風。

可見，兩岸的問題，不是靠溝通、諒解就能擺平的。中共如今已完成了各種戰前的準備，巴不得台灣趕快給他一個動手的理由。萬一他進一步認清，原來兩千一百萬人團結一致，衆口一心，完全分化不了，恐怕理由就算充分了。

◆李鵬講話好像是陸委會捉刀

針對台灣總統大選，中共國務總理李鵬發表談話，各方指爲了無新意，其中不僅寓意豐富，而且除了有善意之外，也蘊藏殺機，不可輕忽。

首先，李鵬呼應台北方面所一向主張的「主權共享」原則，指出中國主權是由十二億兩千萬人所共有，此亦符合我們「法統」不獨佔的說法。

其次，他承認兩岸治權處於「分治狀態」，故不否定台灣地區人民可以用直選方式，產生台灣地區的領導人，但不能藉以否定大陸共享的主權。

再其次，他又刻意配合台北所提的「一國兩區」原則，故指此岸大選產生的，是中國一個「地區」領導人，而迴避台北最忌諱的「地方」一詞。

第四，在他反對「兩個中國」的時候，絕口不提「中華人民共和國」的稱號，顯然也是照顧此岸堅持的「一個中國、各自表述」立場。

最後，李鵬將矛頭對準「部分領導人」，表示他通篇講話的目的，不是要對付「國統綱領」或「陸委會」，才會遣詞用句，精雕細酌有如上述。

換言之，李鵬用的術語，都是陸委會宣傳時講過的。如果陸委會全面批判李鵬的話，就是在否定自己，造成台灣既不是中國的一地區，又不是中國的全部的獨立國家狀態？

ＢＩＮＧＯ，這就是中共期待已久的最後證據！

其實，陸委會只要四兩撥千斤，就可以化解李鵬設下的圈套，亦即表明：中共領導人也不過是中國另一個地區的領導人。則台北什麼話都不必罵了，除非台北也想將中國全都給中共。

問題是，當人家處處牽就，用的都是我們的話，又避免中央對地方的尷尬時，我們還硬說別人打壓，恐怕是我們自己希望被打壓吧！

◆對兩岸關係轉進應有的體認

　　台北在九六年第一季的大陸政策原本會有新的更動，甚至要求開啓政治對談。這是因爲，務實外交政策近來面臨瓶頸，大國的潛在支持不能表面化，台北必須有所調適。加上台灣經濟對大陸依賴日高，宿親執政黨的大企業也亟思到大陸發展，要求兩岸和緩。而過去欲藉事務性談判獲取台北與中共對等地位的做法，已爲中共知曉，難再逕行。目前，務實外交引起中共軍事威脅，民心重大不安，形成對李總統主導大陸政策之懷疑。直到今天，大陸政、經、社並未如所預期地出現大亂，以等待爲基礎的政策，已經沒有時間了，最後，李總統本人則希望有所作爲，並說明過去大家對他其實是有所誤解。

　　爲了能取得與中共對等談判的位置，台北會設法營造一些氣氛。比如，台北必須讓大陸覺得，展開政治對談，不是在軍事威脅下不得不然的城下之盟。台北也會向大陸要求某種地位安排，以向國人（尤其是反對黨）證明談判不是賣台。同時，台北將讓全世界媒體看到他所表現的和平立場，以便談判破裂時，謀取各國的同情。因此台北會刻意描繪中共的非理性形象，以壓低大陸對台的高姿態。

　　依上述分析，台北大陸政策主要內容，表現成幾點。首先，繼續務實外交，表示不怕大陸，又可突破，故兩岸談判不算城下之盟，或台奸行爲。另外，內部推動主權在民運動，提高每次當選獲票率，使兩岸的對談看來像兩個主權在對談。對大陸則爭取恢復事務性談判，重新確立對等，藉而淡化中共軍事威脅造成的台北弱勢地位。然後，在事務性對談中加入政治議題，使政治談判也能在對等的前提下進行，接著，循序升高至領導人的見面，則也可維持這種在政治上兩岸對等的形式氣氛，一但領導人對等見面，則等於承認，前此中共文攻武嚇與對李總統的批判是錯的。當然，台北又想

維持兩岸間一定的衝突，以有助於鞏固國內領導，但又防止升高，以免民心渙散。

大陸的對台政策將繼續受到各種國內、外因素的影響。像有些國際反華勢力強調中國威脅，鼓吹圍堵中國，則台灣成為反共的基地。但也有親華勢力主張全面與中國交往，相信中國終將民主化，則台灣成為和平演變的先鋒。鄧後，中國特色無所依附，人們心理需要民族主義，將增強台灣問題與反帝的聯想。另外，經濟開放使大陸受到世界市場的牽制更大，局部地區甚且形成依賴傾向。不過，台灣內或明或暗的台獨活動，週期性地使大陸對台政策中的情緒因素偏重；部分大陸領導高估前此軍事演習對台灣立委與總統選情的作用，傾向繼續展示武力。

爾後兩岸情勢的緩和與漸進，恐怕要仰賴創意，忍耐與運氣，主要焦點仍是務實外交的活動。台北的外交活動只是在追求面子，否則形式不順而又非與大陸對談不可，顯得勢弱，大陸不理解這種心理，以為台北是挾洋逼和，沒有顧及台北領導面子的需要。只是，中共的統一政策益趨空洞化，只談名稱、國號、與反帝，再加上演習，更沒號召力。台北不了解中共的反帝需要，任何大陸的做法與併吞聯想，在這種雙方的需要與誤解下，政治接觸怎麼起步，以什麼身份接觸等事，值得思索。

◆壯壯膽就可以化解兩岸危機

兩岸關係陷於危機，民眾遮起耳朵，閉上眼睛仍可聽得見，看得到，這種逃不掉的恐懼，只有一種辦法可以舒緩，就是靠著自己信任的人來幫忙壯膽。故李登輝總統近來再三保證兩岸之間不會有變局，挺胸叫民眾別怕，想必可以舒緩兩岸危機在台灣內部造成的效應。不過，或許有人會指他飲酖止渴，麻痺人心，這是對李總統

的壯膽政策有所誤解所致，值得細說。

李總統再三暗示，大選之後他在兩岸關係上會採大動作，理由很簡單，即務實外交已碰上了瓶頸；而國內大企業想去大陸又給他壓力；中共黨政與大陸社會也不像預期地發生大亂；近來則加上美國的施壓；在在使總統認識到，自已非得直接面對中共不可了。但他總不能表現成要投降吧？此所以他要先幫民眾壯膽，其實是在壯自己的膽，並希望將來民眾，中共、美國別以為他是在槍口下，被逼上談判桌，去簽什麼城下之盟。

所謂務實外交，本是壯膽戰略的主要部分，是告訴世人，你們看，我不怕中共啊！我就故意做它不喜歡的事，讓它怕我。將來兩岸如果談和，就不能說是我讓步了。何況，老百姓已選了李總統連任，他就有了主權在民的盾牌，中共若把矛頭對著李總統，就也會傷到台灣選民的心。嚴格說，是李總統拉著百姓幫他壯膽，但卻表現成他在替民眾壯膽。

壯膽戰略的缺陷，在於中共看不懂，故會以為李總統在搞兩手策略。萬一李總統要求與北京結束敵對狀態時，竟是主張兩個主權體之間，簽署有國際條約性質的和平協訂，中共一定誤會他想搞台獨，而不知道他只是希望，國際上會有人來壯膽而已。

假如壯膽的目的，是想在兩岸談判時，不要露出自己無所恃的窘境，最好的辦法，其實是先弄清兩岸之間存在什麼敵意。目前看來，敵意的源頭，就是外交鬥爭。換言之，用來壯膽的武器，正是讓我們快嚇破膽的始作俑者。中共以為務實外交的最終目的是台獨，反而逼得我們拼命搞外交突破，愈壯膽，卻膽愈小！既然如此，何不停止外交鬥爭？則民眾拉長耳朵，睜大眼睛，也不會發現呼嘯而過的飛彈。

老百姓既要和平，也要尊嚴，這點李總統比任何人都體會得好，但用務實外交來取得尊嚴，再拍胸脯來轉移外交鬥爭所掀起的戰鬥氣氛，這只能形成惡性循環，恐怕不利於民眾長期的希望，現

在已快要弄得既無和平，更沒尊嚴。

眼前剩下唯一可行的路子，就是外交休戰，這樣我們就不再需要逼美國在兩岸之中選擇（然後發現它選了大陸），或逼中共在和戰之中選擇（然後發現它選了和戰），於是我們也不會有被拋棄，或被威脅的哀怨，如此有了尊嚴感，就不再需要壯膽，則李總統更不必再夾在和平和尊嚴的無解煎熬中，遭人誤會。

◆海峽兩岸的鼠輩麻木過鼠年

過去有很長一段時間，人們曾謙稱，兩岸最大問題是彼此不了解，豬年現象卻相反，似乎最大問題變成是，大家都自認已看穿對方。故此岸堅信，彼岸的目的就是併吞台灣；而北京則指認，台北當局一心圖謀台獨。他們其實騙人又騙己，遭殃的多是人民。

這種認知的轉變，與社會情緒起伏有關。大陸官倒腐敗、貧富不均、治安惡化，使領導人失去信心。北京高官的自殺、鄧小平病故，在在讓中南海杯弓蛇影，以為帝國主義謀我日亟，台獨活動囂張猖獗。它是靠著風聲鶴唳來掩飾空虛，移轉目光。

而台灣黑槍泛濫、金融風暴、意外災害頻仍，官僚們三日京兆、無恥卸責，人民無力匡正。殿堂上率獸食人的醜態，使官官自危，真偽標準喪盡，致每個人孤立自保，或鑽營征利，政客只能靠權錢來動員。一時草木皆兵，敵人好像無孔不入，誰也不信誰。

結果兩岸關係轉趨暴戾；層峰用外交讓彼岸害怕；中南海放飛彈叫此岸恐慌。兩岸今天道德淪喪到兄弟相殺前夕，共產黨與國民黨的自私貪心，狂妄無能，難辭其咎。事實是，李總統沒搞台獨，但空虛的中共需要他做敵人；李鵬也無意阻撓台灣大選，但台北反而渴求他擺出干涉狀，玉石俱焚如斯。

這些成長背景迥異的政客，在碰到根深蒂固的認同問題時，難

免會做出情感上彼此傷害的動作。但人們不能原諒的是，他們緩和
不了自己的焦慮與沮喪，乾脆麻木於情感的誤會，將錯就錯地藉機
戀棧權位，謀取瞬間虛榮，還高舉民族主義或共同體的大旗遮羞，
使升斗小民懾於愛國的大帽而噤聲。

　　中國歷史不會忘記兩岸將共揭的這幕悲劇，厥為鼠年鼠輩誌。

◆中共飛彈不是針對總統大選

　　人們說，中共連續飛彈演習是針對台灣大選，因為它怕台灣的
民主，深恐大陸人民也會以民主相逼。因此，中共的飛彈是與全台
灣選民為敵。中共自己卻說，演習的對象不是台灣民眾，而是李總
統。這兩種說法中，到底誰講得才是真話？

　　跡象顯示，中共的對象，不可能是台灣的民主選舉。首先，李
鵬年前的聲明已經表示，不會干涉台灣如何產生領導人。其次，他
在兩會上的報告又重申一國兩制，可見心態上沒有準備直接介入台
灣選情。最後，中共正想逼台灣走上談判桌，倘若台灣停止大選，
豈不表示兩岸談判就沒有了對象，且台灣要與大陸抗爭？這完全不
符合中共的本意。

　　中共在想什麼？李總統曾表示，選後要緩和兩岸緊張，商談和
平，結束敵對，假如中共因此而暫緩演習，就表示它在對李總統正
面回應。但自康乃爾事件以來，中共已決定，李總統口說無憑，一
定要有行動，否則中共可能又會上當。故它演習之舉，不可稍緩。
也因此，它繼續演習，不但不是沒聽懂李總統近來的訊息，相反
地，是表示聽到了，故絕不能放鬆，以免李總統又以為中共好欺
負，而再度鬆懈他原本的步調。

　　它的飛彈雖靠近台灣，但畢竟不是落在台灣，假如李總統真的
因此心生警惕，則當選之後就不會太得意，重將兩岸關係置於聯合

國運動之下，那中共就永遠不必眞以飛彈攻台了。所以，選前的飛彈試射，在中共的角度看，恰巧透露了其中仍有和平的契機。甚至，中共幾乎已經承認，它無法影響李總統獲選連任，才會用這種專門針對李總統的方式，來表達它選後的立場。

問題是，當李總統看到，中共的對象就只是他一個人時，難免有所不安，因此心理上需要把中共的演習，說成是與台灣全體選民爲敵。結果剛好限制了他當選連任之後，能率性面對中共的彈性空間。不過，起碼他可以說服自己，中共一定不敢正視經過民主洗禮的他，這使他有較大的膽量，與中共進行接觸。然而這種民主的姿態，卻又會讓中共覺得不知所云。

中共的對象是李總統個人，但李總統不相信。中共認爲他會連任，但他覺得中共要他下台。其後果適得其反，變成中共只好非要他下台，又非要與全台灣選民爲敵不可。但這絕不是中共單方面所促成的。

◆造反派與老紅衛兵戰爭延續

文革三十年之際，在美國波士頓召開一項「文革三十週年學術研討會」，集合大批對文化大革命素有研究，或親身經歷者，共同分析文革一些重要課題。文革至今仍有許多未解之謎，加上文革的歷史評價迭有爭議，兩天一夜的會議討論極爲熱烈。

會議最大的特色是有不少當年的「造反派」提出與中共官方不同的史觀，顯見關於文革的分析，延續了文革時期的對立立場，暴露出文革分析本身的政治性。文革時人人似乎都受過迫害，但有的人受迫害重，有的只是蜻蜓點水；有的平反的快，而且一帆風順，有的平反的慢，而且爲時已晚，不同的際遇，反應了不同的出身背景與派性，並非官方宣告文革結束就回歸正常了。相反地，當權派

與造反派之間，以及老紅衛兵與造反之間的對立，至今仍然十分嚴峻，對未來仍見影響。

文革研究提出的主要挑戰，是把當年受迫害最深的人，凸顯到一個與中共對立的位置。首先，有人認為，文革的爆發，不能只怪毛澤東，而要追究中共在文革前十七年，一黨專政，造成民怨極深，才有可能被毛一搧而起。是「一黨專制」搞「復辟」，接著「宮廷內訌」，最後動用民氣才變成「內亂」。其次，文革不是什麼當權派和造反派的對抗，因為當權派裡有政府官僚，也有共黨幹部；造反派裡有前十七年黑五類的子女，有高幹子女，根本不能相提並論。最後，文革「只有三年，而不是十年」，說十年只是幫中共掩飾後七年的統治責任，想一股腦兒地「往四人幫身上扔」。

許多人研究黑五類家庭「永世不得翻身」的慘狀，分析其子女響應文革的心裡動機，並指責高幹子女出身的老紅衛兵。老紅衛兵並未真正挨過整，又是一九七三年後，首先入學的一批，大多數都在當前改革中得利，目前都已幹到廳、局、副部級或副軍級。今天搞官倒腐化，做盡壞事的正是他們。有人認為，大陸改革開放培養出來的，決不是西方幻想的中產階級，而是這批「心狠手辣」，權錢一把抓的「新法西斯階級」。

受到極大關注的還有當年為何流行動手打人。大家追究起點，分析心態。除了親身目睹者描述打人的故事，更系統地整理了鮮受注意的「打老師風波」，估計北京一地打死的老師約兩千人。中央從文鬥發展成武鬥後，紅衛兵基於「自保」，「力求革命表現」，而造成瘋狂的打人行為，遭殃的以「黑五類」居多。

另一個焦點是毛發動文革的動機。多數人不贊成用兩條路線的鬥爭，來解釋文革的發生。有人認為毛仍具有理想主義的色彩，不願人民受到壓迫。有人否認存在兩條路線，認為這是毛「事後找藉口」。不過，批評毛的人則堅持，毛「夠不上激進馬克斯主義的資格」，因為他從來是在黨內鬥爭，而沒有膽量把黨視為一個應推翻

的階級對象；而且「鬥爭的方式和理由」都是毛決定，不是人民能選擇的。

最激動人心的討論，涉及到認同。與會者討論了著名的「出身論」，替「黑五類」家庭打抱不平，並批評老紅衛兵的「血統論」，多數人仍感到血統論陰魂不散。對文革較有正面評價者，通常是老紅衛兵的立場，所謂文革「不是暗無天日」論，又有鄉鎮企業來自公社社隊企業基礎云云，受到其他與會者抵制。

從文革可以學到什麼教訓呢？有人認為要「走台灣的民主憲政路線」，「回歸」一九四七年的中華民國憲法；也有人十分推崇中國國民黨四十餘年的統治；還有人覺得台灣今天的民主化，必然「就是大陸的明天」；最後，有人感到大陸民主文化條件不成熟，應該走「兩階段」，第一階段走新加坡模式，第二階級才走台灣模式。不過，與會者中懷疑台灣民主文化的人指出，憲法和民主目前在台灣仍停留在「鬥爭工具」的階級，而且有不少情況，表現出與大陸類似的弊病，恐怕大陸仍得依賴自己的努力，發展適於中國人的民主文化。

◆美國為了面子介入台海危機

美國介入台海危機是禍是福？這要看它抱著什麼心情介入。如果動怒，就不妙了。

早先美國只是在玩遊戲，看到辜汪會談將臨，兩岸氣氛熱烈，就趕忙公佈李總統要訪美，果然成功地阻擋住兩岸緩和的傾向。

接著中共射導彈，台北表現得驚慌，美國就派一隻船，到台灣海峽海底走一遭。

它的目的是維持現狀，所以既不希望兩岸政治關係大好，也不

希望大壞。故有時候也警告台北，把不切實際的外交緩一緩。

沒想到中共不玩遊戲，危機愈升愈高，任憑美國朝野如何表態，中共絲毫不為所動。美國知道這次不是戰略利益受損而已了。

放在檯上的，是美國的面子，這比戰略價值嚴重多了。美國在外交上很少考慮面子，可是一旦面子真的受損，一定報仇。

八〇年代以來的例子有，抵制莫斯科奧運，轟炸格達費，逮捕諾利加，修理海珊。

美國的面子在台海快掛不住了。它一定想教訓北京，但要讓全球加入圍剿，不能只說北京賣武器到南亞與中東，這不夠嚴重。

唯一的辦法，就是激北京走極端。可能美國會叫台北免驚，別跟他談，有事我扛。

假如李總統心動了，說不定向中共開高價，想簽個主權對主權的協定，鬆懈掉原本一心結束敵對的想法，那中共必發瘋。

台海戰事起，美國就外正言順地昭告世界，攜手制裁北京。若台灣守住了，美國還多個武器買主；守不住，也證明中共最壞。

中共為了逼李總統談判，不可能突發慈悲。美國覺得自己變成紙老虎，難免老羞成怒。現唯一能冷靜的，只有李總統。

如果李總統想搞台獨，或維持現狀，一定得安撫中共。他卻拼命罵，可見心繫談判，只是有些不甘，有些膽怯，才失態了些。

願他照原計劃，別信美國，台海就安啦。

◆平反六四對兩岸關係的影響

彼岸當前中南海的大員們，號稱是第三代領導人，其實他們都是中共建政之後才成長的，基本上屬社會世代的第二代人。真正的第三代人，應該是在文化大革命中成長的一代，年齡大約四十五至六十歲，而這些名副其實的第三代人，將在可見的未來，衝擊到兩

岸關係的發展，六四之平反，說不定是肇端。

第三代人的核心是太子黨，他們是文革中眞正帶頭打殺的一群，目前身居要津，掌握黨政軍企的關鍵位置，並有意識地網羅豪傑，準備接班，第一代僅存的碩果鄧小平過世，他們亟思順勢把第二代人一起推下歷史舞台。而彼等所養的士人中，有一大部份是他們在文革中的死對頭，即造反派出身的平民知識份子，爲拉攏他們，太子黨有可能支持平反六四。

平民知識份子與鄧小平有舊恨新愁，他們多數在文革時遭到鄧小平派出的工作組所鎮壓；而八九天安門民運中喪生的學生，又恰是他們的子弟。故要求平反六四者，其實是以這批身負長才的平民學者爲主，而由鄧所支撐的第二代人，正也是前述平民學者的新靠山（即太子黨）接班的障礙。

太子黨有幾個特色。首先，他們各自雄據一方，故尙不能構成政治意義上的集團或派系。其次，他們普遍瞧不起第二代人。再其次，他們心黑手辣，不擇手段。最後，他們個個自視甚高，捨我其誰。太子黨人脈豐沛，資源無虞，將是本世紀末兩岸決戰時台灣的主要對手。

第三代人中還沒有全國性的強人，所以政治鬥爭的途徑，大致將受到他們所佔有的位置的制約，故地方利益或部門利益今後會更形突出，人大與政協的功能或將因而提昇。同時。他們在民族主義問題上的立場，將由於受到政敵環伺而強化。但他們對付台灣的手段，大概不會像第二代人有這麼多顧忌，或考慮到各方面的感受而拿捏不定。

第三代人不在意台灣人的想法，會積極搞分化；使用陰暗的破壞手段，並下大決心，即令傷筋骨也不眨眉毛。但同時他們也能大讓步，以將台灣各種勢力，納入人大或政協的管道，成爲自己在中原政治角力場上的後援。

假如台北以爲，只要江澤民地位不穩，中南海集體領導出現裂

痕，大陸地方勢力竄升，就是自己完成使命的時刻，那就大錯特錯了，太子黨在天下大亂之際，最是興奮，台灣若能提供他們建功立業的契機，豈不正好幫他們攫取新的強人地位，別忘了，當年他們個個都是小毛澤東。

◆堅持一個沒有中國人的中國

台北的國家統一委員會召開會議，由李總統發表談話，重申早先提出的六點看法，並要求台灣各界對兩岸交流，要戒急用忍，至於大陸關心的「一個中國」問題，他並未提出答覆。

台北對「一個中國」的迴避，並不表示他沒有立場。相反地，李總統是在表達一種雖未直言，但卻旗幟鮮明的抗拒態度。台北的想法，是要強調自己作爲一個獨立的主權體。而北京對台北的指責，剛好可以讓台北表現頗似獨立的個性。

許多國統會委員向總統建言，的確是針對北京多所批判，他們也懷疑大陸將來整體發展的前景。總的來說，人們是創造了一種站在中國之外，把中國當成對象的傲慢，來分析並反對北京的統治風格與大陸的生活方式，從而滿足台北居於中國之外的感覺。

但「一個中國」原則的討論是無法眞正迴避的。事實上，台北以主權爲主軸的反一個中國立場，與北京以主權爲主軸的一個中國立場，其間差異只是五十步與一百步而已。此點必須戳破，才能看清兩岸政府的虛矯。這就要求人們擺脫主權爭議的桎梏來理解「一個中國」。

所謂「一個中國」原則，指的是兩岸人民應該只有中國一個祖國，共同爲提昇中國人的文化品質與生活福祉，而盡心盡力的原則。簡言之，他是以中國人爲主要內涵的原則。

只有希望兩岸對抗陷入僵局的人，才需要把「一個中國」當成是主權問題，蓋在主權邏輯的思考裡，台北與北京一定是衝突的，

故他們都執著於主權的口號。可見在兩岸領導人心靈深處，沒有人民，只有政權。北京追求的，不是嘴裡說得和平統一，而是蒐集有朝一日用來教訓台北的證據；相對於此，台北也不是真正想結束敵對，只是在反應自己拒斥北京的情緒。

過去，台北曾以中國唯一合法代表的身份，爭取中國的主權；後來，又改成只要守住中國之內台灣部份的主權即可，此乃耳熟能詳的「一個中國、兩個政治實體」主張；現在則推廣「中華民國在台灣」是與「一個中國」相牴觸的印象。不論其演變如何，均可看出歷年台北的執政者心中，只存在政權名義不清所引起的焦慮，關切的千篇一律是「政統」。

要解決目前這種兩岸僵持，必須換腦筋，尤其要看到今天兩岸問題的本旨，不完全是統一對獨立地鬥爭，更是政統對道統的趕盡殺絕。後一種壓迫始終各自存在於兩岸，將來統一之後必然還繼續。精彩的是，兩岸之間的主權對立，轉移了人們的目光，只要我們猶在為政統的主權名義傷透腦筋，就看不見他們齊一步伐反道統的作風。難怪為政者雖然經常憂心忡忡，竟仍樂此不疲。俟荒唐之極，統派人士竟可視知識界之被濫捕於不顧；獨派人士則視大陸流民為寇讎；兩岸政府甚且忤逆世界潮流，不約而同歡迎核能！孰人心中尚有人民？

北京必須換腦筋，體會到搞台獨的都是不折不扣中國人；而台北則應理解，所有不在台灣的中國人，對他也可以有、而且當然有期待。吾人更要自勉，中國人的希望不在服侍政統。只有如此才會發現，原來務實外交有維持兩岸衝突的作用，反台獨的軍事演習有羞辱台灣統派的效果，通通與兩岸各自的宣傳所言相反。

人民今天唯一的辦法，就是消極地不要再受限於政統的影響，不要支持務實外交，不要跟著任何仇外的活動起哄；積極地則培養被壓抑了多年的對所有同胞的關心，利用所有自己同胞的資源發展自己。讓站在政統力量搞鬥爭的政權，自生自滅。

國家圖書館出版品預行編目資料

創意的兩岸關係 / 石之瑜著. ─初版.
─臺北市：揚智文化, 1997[民 86]
面；　公分. ─（揚智叢刊；22）
ISBN 957-8446-45-4（平裝）

1.兩岸關係 2.政治─中國

573.07　　　　　　　　　　86011537

創意的兩岸關係　　　　　　　　揚智叢刊 22

著　　者／石之瑜
出　　版／揚智文化事業股份有限公司
發 行 人／林智堅
副總編輯／葉忠賢
責任編輯／賴筱彌
地　　址／台北市新生南路三段 88 號 5 樓之 6
電　　話／(02)366-0309　　366-0313
傳　　真／(02)366-0310
登 記 證／局版臺業字第 6499 號
印　　刷／偉勵彩色印刷股份有限公司
法律顧問／北辰著作權事務所　蕭雄淋律師
初版一刷／1997 年 11 月
定　　價／新臺幣：200 元

南區總經銷／昱泓圖書有限公司
地　　址／嘉義市通化四街 45 號
電　　話／(05)231-1949　　231-1572
傳　　真／(05)231-1002